U0451862

How to Raise *a Child*
with a High *EQ*

[美] Lawrence E. Shapiro
劳伦斯·沙皮罗 著

施美华 译

如何培养高情商的孩子

山西出版传媒集团 山西人民出版社

图书在版编目（CIP）数据

如何培养高情商的孩子 /（美）劳伦斯·沙皮罗著；施美华译. -- 太原：山西人民出版社，2022.7
ISBN 978-7-203-11825-1

Ⅰ. ①如… Ⅱ. ①劳… ②施… Ⅲ. ①情商－家庭教育 Ⅳ. ①G78

中国版本图书馆CIP数据核字(2022)第045286号

著作权合同登记号：图字 04-2022-007

HOW TO RAISE A CHILD WITH A HIGH EQ, Copyright © 1997 by Lawrence E. Shapiro. Published by arrangement with Harper Collins Publishers.

如何培养高情商的孩子

著　　者：	（美）劳伦斯·沙皮罗
译　　者：	施美华
责任编辑：	王新斐
复　　审：	贾娟
终　　审：	张文颖
出 版 者：	山西出版传媒集团·山西人民出版社
地　　址：	太原市建设南路 21 号
邮　　编：	030012
发行营销：	010-62142290
	0351-4922220　4955996　4956039
	0351-4922127（传真）　4956038（邮购）
天猫官网：	https://sxrmcbs.tmall.com　电话：0351-4922159
E - mail：	sxskcb@163.com（发行部）
	sxskcb@163.com（总编室）
网　　址：	www.sxskcb.com
经 销 者：	山西出版传媒集团·山西人民出版社
承 印 厂：	唐山玺诚印务有限公司
开　　本：	889mm×1194mm　1/32
印　　张：	9.5
字　　数：	220 千字
版　　次：	2022 年 7 月　第 1 版
印　　次：	2022 年 7 月　第 1 次印刷
书　　号：	ISBN 978-7-203-11825-1
定　　价：	58.00 元

如有印装质量问题请与本社联系调换

本书需要你做的可能只是一些轻而易举的小事情、小改变，然而正是这些小事情、小改变铺就了你的孩子走向幸福成功的人生道路。

你并不一定要照着本书所讲的方法去对你的孩子做系统的教育，你只需要接受本书的观点，记住其中的几个情商要点，在现实生活中恰当地加以有意识的引导就可以了。

译者序

继丹尼尔·戈尔曼的《情商》一书震动美国的各个角落以来，其姐妹篇，劳伦斯·沙皮罗的《如何培养高情商的孩子》又在全美引起强烈轰动。这场轰动的意义在于，前者提出了"情商是决定人生成功与否的关键"，从而使智商决定论成为历史，而后者又为前者架设了通往实践的桥梁——"智商是天生的，情商却是靠后天培养的。"这就意味着，无论你的孩子天赋如何，你都需要而且能够通过自己的努力，帮助他创造成功人生。这对天下望子成龙的父母，无疑是个福音。

我们不禁要问，何为"情商"？它是良好的道德情操，是乐观幽默的品性，是面对并克服困难的勇气，是自我激励、持之以恒的韧性，是同情和关心他人的善良，是善于与人相处，把握自己和他人情感的能力，等等。简言之，它是人的情感和社会技能，是智力因素以外的一切内容。

知道了这些，就不难明白，为什么情商如此重要了。孩子从出生，到进入幼儿园，再到跨进学校的大门，以及日后走向社会，时时都需要情商技能。我们已经听惯了这样的叹息："唉，这么聪明的孩子，真可惜。"也看惯了无数家境一般、智力平平的孩子最终走向人生辉煌的例子。那么我们在摇头叹息或惊愕讶异之时，能想到"情商"二字吗？正是情商技能的高低决定了他们人生的成功与失败。

那么，如何才能培养高情商的孩子呢？这正是本书要告诉我们的。

本书作者是美国儿童心理学界的知名人物，更是儿童精神疾病治疗专家，他创立的美国实用心理学中心在美国已是家喻户晓，美国的许多报纸杂志对他和他的中心都有报道和介绍，他本人每年要在50多个城市做演讲，足迹遍及美国各地。他根据自己23年的理论研究和实践，在书中以无数个实例，告诉我们如何预防和杜绝孩子不好的行为，如何培养孩子的各种情商技能，如何帮助孩子拿到通往成功的金钥匙。书中的理论集美国心理学研究之大成，方法是作者数十年实践之总结，而且是以游戏的形式展现给读者。游戏内容既能引起不同年龄少儿的兴趣，又有针对性，集趣味性和挑战性于一身，让孩子在娱乐游戏中拿到通向成功的金钥匙。

作者序

底特律郊外，两个男孩正坐在一间教堂的课桌旁，往常他们也许会打得不可开交，而此刻却同意让另一伙伴来调停他们之间的纠纷。三个孩子都只有7岁；佛罗里达的一家医院内，一个10岁的小女孩一边等待化疗，一边控制不住地大笑不止，因为她刚刚与护士及扮成小丑的医生玩过水枪；洛杉矶，一位父亲正与三个孩子玩需要合作技能的捉人游戏，这是孩子们的老师设计的，在玩这种游戏的两周中，家人间的争吵基本销声匿迹了。

上面提到的这些孩子受益于儿童心理学上的一场革命：情感和社会技能的培养。同伴调停训练已在美国各地普及开来，实践证明，它可以有效地减少孩子动辄求助于父母及畏事停学的现象，甚至校园暴力也得到控制。医院中也常见小丑在分发"喊叫垫"和"橡皮鸡"，因为人们知道，幽默不仅可以帮助孩子们减轻久住医院的心理压力，也可以刺激孩子们的免疫系统，从而加速康复。而有赢有输的合作游戏，则能有效增强家人的团结，减少孩子间的愤恨与霸道。

本书正是要教会孩子们类似的办法和游戏，增强他们的情感和社会技能，这就是心理学家所称的情感智力，即情商，英文简称"EQ"。我和许多儿童治疗专家20多年来一直用这些办法和游戏帮助孩子们解决问题。在实践中我们渐渐认识到，不单是有某些特定问题的孩子，事实上所有的孩子都能从情商技能中受益。无数研究表明，具备情商技能的孩子比一般孩子更加幸福、自信，在学校表现更佳。要想把孩子培养成负责任、有爱心、能力强的一代，这些技能是不可或缺的。

为什么必须教会孩子情商技能

那些对此持怀疑态度的人会问："孩子的情感难道不是自然而然的吗？"我的回答是"不"，而且永远不会。

许多心理学家认为，人类的情感主要是一种生存机制。比如，恐惧使人免于受伤，教会我们如何躲避危险；愤怒则使人克服障碍，实现自我；朋友相伴可以使人感到兴奋和快乐；我们在与人的交往中得到保护，也找到伴侣，从而保证了种族的延续；失去一位重要人物的悲伤，会发出信号，让那个人回来，或是一种惆怅的态度可以帮助吸引一位新人，来替代离开的那个人。

我们的情感能适应我们原始祖先的生活需求，现代工业社会的生活却提出了许多人类天性无法迎接的新情感挑战。比如，愤怒虽然在情感组成中仍扮演主要角色，但人类天性却没有想到交通堵塞、看电视、玩游戏等都能轻而易举地激起人们的愤怒。进化论当然也不可能预计到，今天年仅10岁的孩子在举枪射杀侮辱他的同学后的那份安然。西雅图的精神病学家迈克·诺登有过一段充满感情的描述，让我们认识到现代生活如何影响我们的感情并阻碍其发展，他这样写道：

我们不再像石器时代的人们那样，生活在几百人的小村庄，而是住在拥挤不堪的城市中，这些城市组成了近60亿人口的地球村。现代生活不断增加的压力，导致情绪低落、紧张和失眠，而体重增加与癌症则更不易觉察。大多数人的自我调节办法，是从咖啡因到可卡因无所不用，但实效微乎其微。没有人能不受现代生活的影响。

本书提供的情感和社会技能正是要帮助你填补人类天性的空白，使你的孩子更能应付现代生活的压力。如果忙乱兴奋的生活使你的孩子暴躁易怒，你可以教会他们如何认识并控制这些情绪。如果对犯罪的恐惧或频繁的搬家使你的孩子不能生活在开放和谐的社区中，你可以教会他们如何交朋友，如何保持友谊。如果孩子被你的离婚和再婚搅得心烦意乱，害怕面对新情况，或对自己在学校的表现骄傲自满，你可以教会他们特定的情商技能，帮助他们处理和克服这些成长中的普遍问题。

孩子大脑的功能是可以改变的

参与孩子情感教育最有意义的一件事，或许就是改变孩子大脑的化学组成。更确切地说，就是教给孩子自己改变大脑功能的办法。我们将会看到，"情感"并非心理学定义上的抽象名词，而是具体的存在。它是由大脑产生的、身体对其发生作用的特定生物化学形式。

大多数人并不认为感情是一种化学反应，但只要看看喝了几杯酒精饮料或咖啡后身体的变化，便不言自明。虽然你没有意识到，但是你所吃的食物与你的感情也会发生化学作用。"感觉很好"的食物如巧克力、冰激凌等，能触发大脑，使其释放一种使大脑和良好情绪联系起来的生物化学物质——血清素。这便是人们心情不好时尤其想吃这些食物的原因。

当然，我们也没有必要为了产生与良好情绪对应的生物化学物质，而去吃相应的食物。本书最主要的目的是证明你可以教会孩子改变情感生物化学过程的方法，使他们更能适应生活、更能自控、更加快乐。

让微笑成为你的保护伞

血清素从大脑传输到身体各个部位而成为人类情感作用的一部分，在过去的10年中，它受到了足够的重视，原因在于它和药物一起治疗抑郁症、强迫症等精神病时，可以帮助病人有效地应付压力并减轻病症。精神病学家迈克·诺登在《超越百忧解》一书中认为，我们可以训练大脑自然产生血清素，方法很简单，比如，更健康的饮食结构、增加锻炼、保证足够的睡眠（半数以上的美国成年人，并没有保证维持身体正常功能所需的8小时睡眠）等。

血清素对孩子情感的作用是极其巨大的，它能够影响体温、血压、消化、睡眠等许多身体机能，能抑制对大脑的过分输入，从而有助于孩子应付各种压力。血清素的增加可以减少侵略性和冲动性。罗伯特·扎强克和同事们指出，当人们微笑时，脸部肌肉收缩，减少了附近血管的血流量，从而使血液变凉，降低脑部血管的温度，触发产生血清素。当我们要孩子微笑，告诉他们"一切都会好起来"时，我们是绝对正确的，正所谓细节决定成败。

培养高情商的诀窍

神经解剖学和心理学的发展，使父母有了很多机会来帮助孩子发展高情商。阅读本书后，你会发现有许多实用的方法可以帮助孩子。有的方法在我看来是小戏法，可以立竿见影地改变孩子的行为。例如，我治疗喜欢打架的孩子时，就教给他们"乌龟技法"。我曾遇到一个叫山姆的7岁男孩，他每天都在操场上与别人打架。我告诉他，想打架时，就想象自己是缩壳乌龟，双臂侧垂，双脚并拢，下巴收缩，深呼吸，同时慢慢数到10。

类似这样的方法很简单，孩子们也觉得学起来有趣。当山姆两臂侧垂，双脚并拢后，便既无法打人也不能踢人。当他深呼吸，数到10后，便把放松的信息输入了大脑，大脑随即减少释放产生强烈打斗欲望的物质。当他收缩下巴，就看不到假想的对手，也就失去了打斗的欲望（你无法与看不见的人打架）。

本书中提到的其他情感和社会技能，都是你能教给孩子的。有些技能需要费一点时间去掌握，但一经学会就可变成第二天性。如领会非语言的暗示，像脸部的表情、姿势、体态等等，便是孩子能轻易掌握的技能。既然研究证明近90%的情感是通过非语言的暗示来表达的，那么，这些技能便可以大大提高孩子们正确理解他人情感，做出恰当反应的能力。

另外，从本书中你还可以知道如何才能使孩子养成提高情商的习惯。比如，让孩子学会放松，掌握一些假想的方法来对付疼痛和紧张，他便会受益终生。这些办法不仅能分散孩子们对肌体疼痛的注意力，刺激身体产生天然止痛素，而且有降低血压、促进免疫系统的作用。

本书中的许多小戏法、技能、习惯等，都是以游戏或其他有趣活动的形式出现的。西格蒙德·弗洛伊德曾说过"玩耍就是孩子的工作"，我自始至终将这一名言铭记在心，力求通过有趣而又富有挑战性的游戏，教给孩子情感和社会技能。而游戏在教孩子情商技能方面尤其有用，因为他们会不断地重复玩耍。通过游戏，孩子就有机会学会并实践思考、感觉和行动的技能，大人的参与则可以使自己成为孩子情感学习完整过程的一部分。

阅读本书后，在与孩子游戏时，你只需要三种东西：时间、兴趣和享受抚养孩子这种挑战的欲望，这些是培养高情商孩子必不可少的因素。

祝你成功！

目 录

第一部分 介绍

第一章 情商：培养孩子的新方法

- 什么是情商？ *004*
- 情商与智商 *007*
- 智商高，但是情商低 *009*
- 情商的培养 *011*
- 神经解剖学与育儿 *015*
- 反习惯而行之 *017*
- 发展性地理解情商 *019*
- 本书如何帮你 *020*
- "足够好的父母" *021*

第二章 做高情商的父母

- 给孩子建设性的关怀 *024*
- 积极的约束 *026*

- 培养高情商孩子的最大障碍　　　　　　　　**030**
- 从何处着手　　　　　　　　　　　　　　　**032**

第二部分　道德情感

第三章　鼓励孩子的同情心
- 儿童同情心发育的几个阶段　　　　　　　　**047**
- 如何帮助孩子更有同情心　　　　　　　　　**049**
- 需要牢记的情商要点　　　　　　　　　　　**055**

第四章　诚实和正直
- 如何让孩子明白诚实的重要性　　　　　　　**059**
- 建立信任感　　　　　　　　　　　　　　　**060**
- 尊重孩子的隐私　　　　　　　　　　　　　**062**
- 需要牢记的情商要点　　　　　　　　　　　**063**

第五章　负面道德情感：羞愧和内疚
- 羞愧的价值　　　　　　　　　　　　　　　**067**
- 如何利用羞愧感　　　　　　　　　　　　　**069**
- 内疚感的价值　　　　　　　　　　　　　　**070**
- 何时、如何恰如其分地使用"负面"情感　　**071**
- 需要牢记的情商要点　　　　　　　　　　　**073**

第三部分　情商思维技能

第六章　现实地思考

- 克服逃避现实的心理　　　　　　　　　　　078
- 帮助孩子直面现实　　　　　　　　　　　　080
- 培养孩子面对现实的勇气　　　　　　　　　084
- 需要牢记的情商要点　　　　　　　　　　　089

第七章　乐观主义：抑郁症和成绩差的解毒药

- 乐观与悲观的区别　　　　　　　　　　　　091
- 悲观的危害　　　　　　　　　　　　　　　093
- 乐观的优势　　　　　　　　　　　　　　　094
- 如何培养乐观的孩子　　　　　　　　　　　095
- 需要牢记的情商要点　　　　　　　　　　　100

第八章　通过修正思维方式改变行为

- 行为修正法可以改变大脑的化学成分　　　　103
- 把一个问题定义为"敌人"　　　　　　　　104
- 重新设计问题，并通过写作来摆脱它们　　　106
- 教孩子掌握自我对话的技巧　　　　　　　　110
- 使孩子积极的自我对话更自觉化　　　　　　112
- 意象技能的奥妙　　　　　　　　　　　　　114
- 选择合适的意象法　　　　　　　　　　　　117
- 教会孩子运用意象法　　　　　　　　　　　118
- 帮助孩子掌握意象法的其他方式　　　　　　121

- 需要牢记的情商要点 *122*

第四部分 培养孩子自己解决问题的能力

第九章 用言传身教教会孩子解决问题
- 家庭会议 *131*
- 需要牢记的情商要点 *134*

第十章 解决问题的语言
- 利用基础词来解决问题 *138*
- 需要牢记的情商要点 *140*

第十一章 解决问题的方法训练
- 帮助孩子寻找多种方法 *143*
- 画连城游戏（5至10岁） *145*
- 通过寻找"例外"来解决棘手问题 *146*
- 把思维转移到解决问题的方法上去 *147*
- 方法—目的思维 *148*
- 建立你和孩子间脚手架式的关系 *149*
- 建立互相依赖关系的提示递减游戏（10岁及以上） *151*
- 需要牢记的情商要点 *153*

第五部分 培养孩子的社会技能

第十二章 掌握说话技巧：成功交流的要诀

- 如何教会孩子谈话的技巧 ... *162*
- 需要牢记的情商要点 ... *164*

第十三章 幽默感和愉悦感

- 儿童幽默感的发育阶段 ... *165*
- 如何培养孩子的幽默感 ... *171*
- 需要牢记的情商要点 ... *174*

第十四章 交友：出乎想象得重要

- 孩子如何交友 ... *177*
- 如何帮助孩子交友、保持友谊 ... *179*
- 需要牢记的情商要点 ... *182*

第十五章 在团体中发挥作用

- 争取团体接受 ... *185*
- 孩子不被同伴接纳怎么办 ... *186*
- 需要牢记的情商要点 ... *191*

第十六章 彬彬有礼至关重要

- 如何培养有礼貌的孩子 ... *195*
- 需要牢记的情商要点 ... *197*

第六部分　自我激励，走向成功

第十七章　期待成功

- 掌握环境　206
- 让孩子掌握自己的世界　207
- 教育要结合孩子的兴趣和学习方式　211
- 参与孩子的学习　213
- 需要牢记的情商要点　214

第十八章　坚持不懈，持之以恒

- 如何让孩子看到持之以恒的重要性　218
- 合理分配时间　219
- 爱好的价值　221
- 魔术　223
- 参与孩子的爱好　225
- 需要牢记的情商要点　226

第十九章　直面并战胜困难

- 不成功的原因　229
- 用合作游戏帮助孩子面对和战胜失败　232
- 需要牢记的情商要点　237

第七部分 情感的力量

第二十章 情感意识和情感表达

- 情感表达的本质   245
- 如何培养孩子表达情感的能力   246
- 如何帮助孩子成为好听众   248
- 需要牢记的情商要点   250

第二十一章 掌握非语言交流的技能

- 非语言交流的重要性   251
- 非语言交流的困难何在   252
- 教会孩子非语言交流技能   253
- 需要牢记的情商要点   256

第二十二章 情感控制

- 情感控制的神经系统科学   258
- 如何教会孩子控制情感   260
- 需要牢记的情商要点   264

第二十三章 治疗身心创伤

- 通过干预治疗心灵   265
- 如何帮助孩子对待创伤   267
- 用精神治疗身体   269
- 某些情商技能可以促进孩子身体健康   271
- 需要牢记的情商要点   275

第八部分
网络与情商：令人难以想象的完美结合

第二十四章　利用网络提高情商

- 讲故事的网络资源　　　　　　　　　　　　279
- 用手机帮助孩子掌握新思维　　　　　　　　280
- 影响价值观的网络资源　　　　　　　　　　281
- VR 眼镜　　　　　　　　　　　　　　　　 282
- 需要牢记的情商要点　　　　　　　　　　　282

第一部分
介绍
INTRODUCTION

第一章
情商：培养孩子的新方法

对安塞尔小姐学前班的孩子们来说，今天是个特殊的日子。其实，这儿的每一天都不一般，教室的墙上画着巨幅玩具机车头彩画，小卧室里放满了各类玩具和书籍。但是，今天尤其显得特别，一位重要客人——一个儿童问题专家要来和孩子们玩一种很有趣的游戏，每个孩子都能参加。

第一个游戏设计得尤其难。桌上放着一座玩具塔，塔边连着一个平台，平台上有一只闪光的金属球，4岁的巴里被挑中第一个玩。客人对他说："这就像小电梯，你得把平台拉到塔顶，又不能让小球落下来。"

巴里刚一试手，小球几乎立刻滚了下来。第二次，小球又掉下来，而且从桌上滚到地面，然后钻到了角落里。第三次，巴里差不多能把平台升到塔的四分之一高。第四次又像第一次那样，刚一碰，球就滚落。

"你觉得行吗？"客人以一种中性语气问道。

"行！"巴里一边大声回答，一边继续努力。

在学前班的孩子中，巴里比较特别，他是自己主动参加这次试验的。尽管参加的每个孩子都未能把平台拉到塔顶，但他们都异口同声地说自己能行。

年幼的孩子天性都是很自信的,即使面对无法逾越的困难和无数次失败,这种自信也毫不减弱。正如该游戏的设计者黛博拉·斯蒂派克所说:"孩子在六七岁之前,都有强烈的成功欲望,不管以前的表现如何……即使前四次都是刚一碰到平台,球便滚落下来,他们仍想把平台拉到塔顶。"

安塞尔小姐学前班的孩子们所表现出来的坚持不懈、乐观、自主性及友善的热情,都是情商的一部分。情商,或EQ,不是指孩子有多么聪明,而是说他的个性特征即特性如何。研究表明,这些社会和情感技能对人生成功与否的作用远远大于智力水平,换句话说,高情商的人可能比高智商的人更容易获得成功。

什么是情商?

"情商"一词首次出现在1990年,由哈佛大学的彼得·萨洛瓦里和新罕布什尔大学的约翰·梅耶两位心理学家提出,用来描述对成功至关重要的情感特征。它们是:

- 同情和关心他人
- 表达和理解感情
- 控制情绪
- 独立性
- 适应性
- 受人喜欢
- 解决人际关系问题的能力

- 坚持不懈
- 友爱
- 善良
- 尊重他人

1995年,丹尼尔·戈尔曼的畅销书《情商》使这个概念家喻户晓,而该概念出现在《时代》杂志封面上,更使之成为街谈巷议的话题。小自教室,大到公司董事会,人们无不谈论,即使白宫也不例外。克林顿总统竞选时,曾在丹佛一家书店参加不定期竞选活动,他对记者这么说道:"我要把一本非常好的书介绍给你们,它就是《情商》,太有意思了,我很喜欢,是希拉里给我的。"

"情商"的概念最初为人们所接受,是因为它在教育和培养孩子方面有极大的实用性。不久它便被扩大至其他工作环境,直至所有人际关系和人类行为。研究证明,孩提时代专心听课、与同伴友好相处的孩子,20年后,同样的情商技能能帮助他事业成功、婚姻幸福。

在对美国公司进行的研究中发现,一个人的成人阶段与其孩提时代并无多大差别,现在的工作环境时常让其回忆起儿时玩耍的场地。对那些数年来一直坚持"人类技能"对公司操作每个环节都不可或缺的人力资源专家来说,这种说法并不奇怪,但就情商对工作的影响程度这一点而言,仍让他们吃惊不小。比如阿兰·法翰姆曾在《财富》杂志上介绍过贝尔实验室的一次研究。该研究发现,有些科学家尽管智力和学术水平都不低于成果卓著的同事，但业绩平平。研究者对所有科学家的电子邮件模式进行了研究，结果表明，科学家们嫌弃和排斥情感和社会技能水平低下的同事，与孩子们在操场上玩游戏时，排斥讨厌鬼或好炫耀的同伴的方式极其相似。所不同的只是，在贝尔实验室里，操场变成了电子聊天室，在这里人们不仅可以聊天，也可以交换专业信息，或就自己遇到的困难咨询同事。这次研究表明，不与人交往或者说低情商最终会导致工作成绩一般。

对情商的研究绝非始于近年。过去几十年中，有上千次研究试图展现孩子情商的发展过程。不幸的是，几乎所有发现都没能应用到实践中去，主要是因为精心策划的、统计范式的学术世界，与一线教师和心理健康专家每天焦头烂额的世界之间存在着分裂。我们再也不能仅靠直觉和"政治正确性"来培养孩子了。就像医学或其他"硬"科学一样，我们必须凭借整体知识做出有远见的决定，来影响孩子每天的健康。布朗大学的威廉·达蒙教授在《儿童道德心理学》一书前言中就强有力地解释了这一点：

> 对孩子道德所做的科学研究具有极大的潜力，它可以满足人们提高孩子道德水准的强烈欲望，然而这种潜力没有得到开发。大多数研究不是鲜为人知，便是被当成象牙塔中的胡言乱语……另一方面，这些研究仍然散见在一些学术期刊或说法不一的学术著作中，形不成气候。

我们再来看看培养孩子社会技能和情商的实际效果。尽管教育者们对是否把精神健康问题引入公共教育仍存在分歧，但在过去20年中，在教授社会和情感技能方面已经花费了上亿美元的资金。1994年关于所有残疾儿童教育的第142号法令，则是首次在立法上提及在学校里进行此类技能教育。这是一个里程碑，说明美国的所有孩子无论是否残疾，是否有其他问题，都有权利接受公共教育。而将该法案付诸实施的心理学家和特殊教育者们就成了先驱，把我们所称的情商与学习能力和孩子们在学校的成功联系起来。大家现在所能看到的涉及各个领域的技能，以及为有特殊需要的孩子专门设计的无数方案，正是他们不懈努力所取得的丰硕成果。

情商与智商

社会科学家对人类智商的具体构成仍有争议，但大多数人都认为智商可以由标准的智力测试来测定。比如，韦氏智力量表就是其中一种。它包含了语言和非语言能力，包括记忆力、词汇量、理解力、解决问题的能力、抽象推理能力、视觉运动能力。构成智商的"一般智力因素"恰恰源于这些能力，并被认为在孩子满6岁以后不再变化，且与其他诸如大学升学考试之类的测试密切相关。

然而情商的含义则模糊得多。萨洛瓦里和梅耶最初将情感智力定义为"社会智慧的子集，涉及监测自己和他人感情的能力，以及对它们进行鉴别并利用这些信息指导自己思想和行为的能力"。他们不认为情商和情感智力是同义词，担心这样会使人们产生误解，认为也可以准确测定出情商或干脆认为情商的构成是可以测量的。事实是，尽管情商永远无法测定，但它仍然是个有具体含义的概念。我们确实无法随意测定大多数社会行为和人的个性特征，比如仁慈、自信、对他人的尊重等。但是，我们能从孩子身上看到这些品质，并承认它们具有无比的重要性。戈尔曼先生的《情商》一书所受到的欢迎，以及新闻媒介所给予的重视都证明了一点：我们在潜意识中理解情感智力的意义及重要性，也认同情商就是它的同义简称，就像智商是认知智力的同义简称一样。

情商并不是智商的反义词，相反，它们在概念上、在现实世界中都可以动态地互相作用。如果某人能够在认知能力和社会情感技能两方面都出类拔萃，一如我们一些最伟大的领导人那样，那么便是最理想的。据杜克大学政治学家詹姆斯·大卫·巴勃教授研究，托马斯·杰斐逊就是这样一个典型，是智力和个性的完美结合体。他既是一位伟大的富有煽动性的演说家，又是真正的天才。而高情商的伟大领袖更是比比皆是：富兰克林·德拉诺·罗斯福之所以能领导美国克服经济萧条，承受第二次世界大战的磨难，他极富能动性的性格和无限的乐观精神，毫无疑问是最重要的原因。奥利弗·温德尔·霍姆斯认为罗斯福"智力水平中等，但是性格却是上等的"。约翰·肯尼迪也得到过这样的评价，许多历史学家认为，他领导国家时，像用头脑一样用心。

情商与智商相比，遗传成分要少得多，这或许就是两者最重要的区别了。也正因为如此，父母和教育者们得到了一次机会，来弥补孩子性格中的不足，为他们日后的成功奠定基础。

智商高，但是情商低

近50年来，吸引人们最大兴趣的就是两件事：一是孩子福利，二是父母每天与孩子的接触将对孩子产生的深远影响。大多数父母都想给孩子提供更多的机会，认为孩子越聪明，成功机会也就越大。孩子刚出生没几天，父母们便开始给他们解释这个世界，几个月时便教他们认字，还不会说一句整话，便教他们敲电脑键盘，类似现象随处可见。

研究证明，在使孩子更聪明或至少让他们的标准智商测试成绩更好方面，我们的努力是超出前人的。据新西兰奥塔哥大学的政治哲学教授詹姆斯·菲林研究，如今孩子的智商成绩比之前高很多，尽管其准确原因尚不得而知，但菲林认为，更高的新生儿护理水平、总体健康意识的提高都是背景，至少，这一增长有一部分是源于二战后育儿方式的改变。

然而具有讽刺意味的是，一代比一代更聪明的同时，情感和社会技能却急剧下降。如果以精神健康和其他社会学统计的方法来衡量情商，我们会发现今天的孩子在许多方面比上一代要差得多。非营利组织儿童保护基金会提供了美国年轻一代的一组统计数据。

每天：

- 3名25岁以下的年轻人死于HIV感染，25人受到

感染

- 6名儿童自杀
- 342名18岁以下少年犯暴力罪被逮捕
- 少年母亲生下1407个婴儿
- 2833名儿童退学
- 6042个孩子犯非暴力罪被逮捕
- 135000名儿童携枪上学

这组数据仅仅是基于我们能看见的情况，而关于儿童情感问题的数据——可能在未来几年都不会有——同样可怕。在《乐观儿童》一书中，心理学家马丁·塞利格曼认为近50年来，儿童和少年的抑郁症增加了近10倍。据美国精神健康协会统计，全国有近7%的儿童有严重的精神健康问题，有20%的人接受过各种形式的治疗。

许多社会科学家认为，孩子今天面临的问题可以归咎于近40年来社会所发生的一系列变化，诸如离婚率的增加、电视和新闻媒介强大的负面影响、不再把学校作为一种权威而尊重、父母与孩子相处的时间减少等等。让我们暂且承认这些社会变化是无法改变的，那么问题便变成：怎样才能培养出快乐、健康、有所作为的孩子？

答案便是：改变孩子大脑的发展过程，培养高情商的孩子。

情商的培养

要彻底理解关于情商的新发现能怎样影响育儿方式,我们还得先了解一点情感的神经解剖学。

科学家提及大脑的思维部分——大脑皮层(有时也称新大脑皮层)时,一般都认为与大脑的情感部分——大脑边缘系统不同。事实上,正是两者的关系决定了情商。

大脑皮层是许多细胞组织的重叠,厚约3毫米,包住两个大脑半球。大脑半球控制人体的大部分基本功能,比如肌肉运动、感觉等,但却是大脑皮层赋予我们的所思所想以意义。大脑皮层,字面上的意思即大脑的"思想帽子",把我们人类推上了进化阶梯的顶峰。尽管低级灵长类,如猫、狗、老鼠等也有大脑皮层,也能根据经验学习、交流甚至做出决定,但与人类的大脑皮层相比,它们的功能简直太微不足道了。它们不会计划,不会抽象思维,更不会担心未来。

正因为巨大的大脑皮层是人类最大的特征,所以与大脑其他部分相比,它受到最多的重视、最深入的研究。大脑受到损伤,或患疾病,使医学界对大脑有了最初的认识。大脑皮层有四叶,不同的脑叶受伤,产生的问题也不同。位于脑后部的枕叶主要包含大脑的视觉神经,这里受伤,因轻重不同会导致丧失部分视觉甚至失明。位于耳后的脑叶受伤会导致长时间的失忆症。知道了这些,我们便不难了解为什么有的孩子非常聪明,而有的孩子却有学习障碍;为什么有的孩子在几何上如鱼得水,有的孩子却拼不出单词。

尽管大脑皮层是大脑的思维部分，但它的作用不止于此，它对理解情商也是不可或缺的。大脑皮层使人类对自己的感情有所知觉，使我们具备眼光，有能力分析某种感觉的来源并采取措施。

我们来举例说明吧。菲莉丝正坐在学校食堂的餐桌边吃午饭，6位最受欢迎的女孩向她的桌子走过来。她们以前和菲莉丝没有说过话，也很少和她同桌吃饭，所以今天这种情形很不一般。她们闲聊着11岁女孩常谈的话题——新衣服、男孩子、电视节目等，菲莉丝只是默默听着。其中一位金发女孩南丝突然转过头问道："菲莉丝，我们昨天谈到一个问题，谁是我们班最难看的女生，你知道吗？"

菲莉丝慢慢环视一下饭厅，目光最后停留在罗莎身上。罗莎一头红发像乱草一样，鼻子又尖又长，脸颊太瘦，牙齿外突，看上去像只兔子。肯定是她，菲莉丝热切地答道："是罗莎吧，她长得太难看了。难道不是吗？"

"不——"南丝拉长声调，"我们不那么想，我们认为是你。你是最丑的"。她说得非常轻松随便，好像在谈论天气。

菲莉丝觉得肚子里一紧，就像内脏被人揪住了一样。她脸色苍白，好像就要晕倒一般。但很快这种感觉消失了，她告诉自己："这不过是个玩笑，她们想让我难受。"最初的恶心被愤怒代替，她感觉到胳膊上一阵发紧，两只手握成了拳头。

菲莉丝抬起头来，那几位女孩子已回到原先的闲谈中去了，但却用眼角注意着她的反应。菲莉丝直视着南丝的眼睛，以最大的自信说道："我想你一定弄错了。"然后站起身来，端着饭盘走开了。

菲莉丝的大脑皮层帮助她分析形势，做出反应。她能迅速恢复常态并决定有尊严地离开，说明她大脑的思维部分战胜了情感部分。她能明白自己被骗了，并保住面子。这种控制反应的能力，证明她能把这个尴尬看成一件小事很快忘掉，而不使其变成长久难以愈合的创伤。

大脑的情感和思维部分在决定人的行为时功能不一，但却是相互作用的。情感部分反应更快、更强烈。当孩子可能有危险时，即使还没有断定是何种危险，这个部分也能提醒我们注意。另一方面，大脑皮层尤其是前脑叶，能充当调节阀的作用，在人们对某个情感状况做出反应之前，先进行分析并赋予其意义。当菲莉丝遇到同学最可怕的嘲弄时，她能够冷静观察所发生的一切，控制住自己的愤怒和屈辱感。不久前，神经外科大夫还认为割去大脑皮层的一部分，可以治疗精神疾病，却没有意识到大脑的思维和情感两部分是共存的。根据朱迪·霍普和迪克·特雷西在《三磅宇宙》中所载，仅20世纪四五十年代全美就进行过40000多例脑叶切断术，治疗霸道和感情亢奋症。但大多数情况下，打开病人大脑皮层的前部，割掉一些神经纤维，只会使病人成为情感僵尸。他们这么写道："如果一个人的大脑皮层前部不完整，乍一看没有什么不正常，但相处一会儿，你就会发现他感情麻木，注意力容易分散，无精打采，无动于衷，对社交礼节浑然不知，甚至在宴会上放肆地打嗝。"

大脑边缘系统即通常所称的大脑的情感部分，位于大脑半球的内层，主要调节人类的感情和冲动。它包括进行情感学习和贮存情感记忆的海马回、大脑的情感控制中心——扁桃核及其他结构。

尽管大脑特定部位具有特定的情感功能，但是各部分的相互作用才能决定人的情商。我们可以举个例子来说明这一点。一天晚上，你正准备上床，忽然门铃响起，你的肾上腺素会突然大量增加，刺激扁桃核注意可能有危险。你非常警惕地开了门，发现你最崇拜的影星（或作家、政治家、体育明星等）正站在门外，告诉你他的车抛锚了，请求帮助。是海马回让你认出站在你面前、使你无比兴奋的人物，然后触发扁桃核产生相应的惊奇、兴奋、敬畏，甚至一种渴望。这时你的大脑皮层就会提醒你，你崇拜的对象有自己的名字，有来这儿的特定原因，并不是来看望你的。也还是大脑皮层让你不说蠢话，考虑到未来，大脑皮层提出了一个主意，请他答应签个名或合拍一张照片吧。

神经系统与情商相关的第三部分在许多方面都是最有趣的，它通过生物化学方式将情感传送到身体各个部位。该领域的研究已经取得了一些突破性进展。过去15年中，科学家已能鉴别出氨基酸家族成员神经肽，他们认为它就是与情感相关的生化物质。神经肽一般是贮存在大脑的情感部分，人产生情感时，它便被输送到身体各个部位，告诉身体如何反应。前面所举菲莉丝的例子中，正是菲莉丝大脑中的这些化学物质，也被称作神经传递素，使她在被南丝和同学侮辱时感觉恶心。在名人来访的例子中，同样的神经传递素使人觉得嘴唇发干,脸发红,腹部发紧。每当人做出情感反应时,大脑都要向受体传送一些化学物质,再由各受体将其传遍全身。我们在第二十三章还可以了解这些神经传递素。除了充当情感使者以外,它们还可以保护孩子免受病毒甚至致命疾病的侵袭。

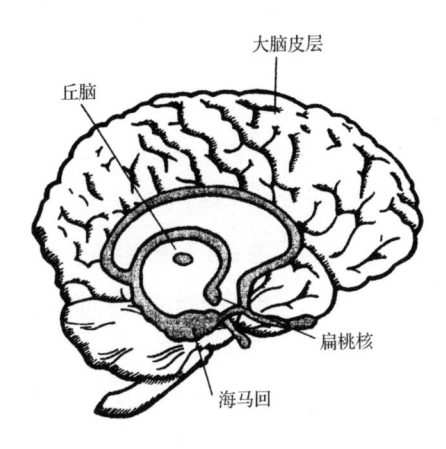

大脑皮层是大脑的思维部分,通过解决问题、语言、想象、意象等认知过程来控制情感。大脑的边缘系统是大脑的情感部分,包括再现大脑皮层所传信息的丘脑、被认为作用于人的记忆的海马回,及情感控制中心扁桃核。

神经解剖学与育儿

要想准确了解这一切对育儿方式来说到底意味着什么,我们先来看看马修和米奇。他们在同一个班,都是6岁。马修非常胆小内向,几乎每天回家时脸上都挂着泪,他父母认为,他连自己的影子都害怕,从出生起就是这样。米奇则不一样,爱说话,非常讨人喜欢。他的老师认为他天生就是当领导的,而父母说他生下来时不是这样,婴儿期和蹒跚学步时,他与马修很相似。只要单独与保姆在一起,他便大哭不止,且不喜欢陌生人、不喜欢新地方,别的孩子在操场上蹦跳玩耍,他却只是坐在一旁看着。婴儿期的马修和米奇都是哈佛心理学家杰罗姆·凯根描述的"行动迟缓"或害羞型。凯根将新生儿的性格分为4种类型,这便是其中之一。他认为孩子的性格能反映他出生时大脑特定的情感线路,而后者则是孩子现在和将来情感表达的基础。根据凯根的理论,害羞孩子的扁桃核天生容易被刺激起来。原因可能是大脑去甲肾上腺素或其他化学物质含量天生过高,从而过分刺激了大脑情感部分的控制中心。根据数年的研究,凯根发现这些孩子中的三分之二会长成马修那样,胆怯、内向,动不动就忧心忡忡,产生病态恐惧,长大后害怕社交。这些孩子的扁桃核和大脑皮层之间一般不会长出神经通道,来使大脑的思维部分帮助情感部分冷静下来。

但是,另外三分之一的孩子像米奇那样,驯服了自己过分容易兴奋起来的情感大脑。他们入幼儿园后,便和其他孩子一样好动、好与人交往。他们之所以如此截然不同,原因就在于这些孩子的父母对他们婴儿期的胆怯内向做出了不同的反应。这种差异被凯根描述为"彻底改变了孩子大脑的发展过程"。

内向不变的孩子的母亲采取了保护态度,不让孩子受烦心事的侵扰,孩子一哭便哄,而后来克服了胆怯的孩子的母亲却认为,他们应该自己学会面对和处理不顺心的事。孩子哭时,尽管心里难受,但绝不安慰从而增加他们撒娇的机会。相反,定下一个规矩,要求孩子服从。凯根认为,正是由于这些父母不断地使孩子面临困难和挑战，这些孩子的神经化学物质才有所改变，而内向不变的孩子的大脑线路维持不变，情感反应仍然过度。

反习惯而行之

凯根等人的研究证明，尽管孩子出生时有其特定的情感模式，但他们的大脑有可塑性。他们可以学会新的情感和社会技能，从而发育出新的神经通道，以及适应性更强的生物化学模式。要想孩子做到这样，父母可能要不得不对自己的一些自然养育的本能提出疑问，甚至改变自己的习惯和生活方式。关于父母、老师和精神健康专家如何学习质疑自己的本能反应，以下是一些例子。

- 心理学家们总是推荐一种方法，即让孩子们谈自己的感情，从而达到帮助他们理解他人感情的目的。但是在情感交流中，语言仅占极小一部分（通常不到10%。第二十一章中将要讨论，人类对情感信息的解释仍是依靠大脑中更原始的部分）。因此，孩子们如果能理解许多身体语言的含义，如某一姿势、面目表情、语气等，便更容易理解他人和自己的感情。

- 受过精神创伤的孩子都被视为极其脆弱，传统的做法是为他创造一个宽松和谐的环境，给予时间，让他自己整理感情。但是最近在认知行为心理学上的进展却证明，更快、更直接地使创伤的影响脱敏（包括刺激大脑的冷静中心），会更有效地预防诸如噩梦、过分忧虑等心理症状。我们将在

第二十三章中讨论此办法。

- 近25年来，不断地赞扬孩子，充分给予鼓励的办法，一直受到人本主义心理学运动的倡导和支持，认为这样能培养孩子的自信。但事实上，其负面影响远大于正面效果。正像第七章中描述的那样，孩子的良好感觉只有与具体成绩相结合，或掌握某项新技能时，才有意义。

- 压力一直被视作现代紧张快速的技术社会的副产品，是儿童天性的敌人。但如果因此而庇护孩子，使他们免受压力的影响，便是我们的极大失策。正像凯根对胆怯的孩子所

许多教授情商的办法都是反习惯而行之的。比如，大多数父母以为自己的第一义务便是保护孩子免受苦恼，然而孩子不需要时，这种保护弊大于利。

做的研究（我在第十八章中会进一步讨论这一点）显示的那样，学会应付困难，能使孩子发育出新的神经通道，从而让孩子更能适应生活、更有创造力。

发展性地理解情商

随着年龄的增长，孩子的身体、认知能力和情感都发生了变化，因而大脑的发育是可以看得见的。孩子的神经发育有一定的时间性，有预先规定好的时间段。一般来说，我们对孩子的身体发育都非常重视，会热切地记录下6个月大时孩子是如何学会坐起的，1岁到1岁半时是如何走路的，两岁到两岁半时又是如何自己会用便盆大小便的。如果孩子在预定的时间内没有达到某一步，那么我们会非常担心，着急去找大夫。

同样，孩子认知能力的发育也有阶段性。1岁半的孩子蹒跚学步时，一般都能说几个简单的词汇，两岁则能说简单的句子，5至6岁学前班的孩子能认字、数数。7岁时能够阅读简单的句子并做简单加减。8到9岁，能背诵枯燥无味的乘法表，但学习几何、代数则要等到中学，因为只有到12至13岁时，抽象思维的能力才能发育出来。

大多数人对大脑情感部分的发育阶段，并没有给予足够的重视，而这正是本书的重要内容。每种情商技能都有自己特定的发育时间表，大多数情况下是可以预知的，尽管其比身体和认知能力的发育过程要复杂得多。

一方面我们不能预期孩子情感发育过程中的变化，另一方面却热切地盼望孩子身体和认知能力的发育，两方面的原因导致了许多本可以预防的问题发生。

还是以安塞尔小姐的学前班为例。尽管那些 4 岁的孩子每次的努力都归于失败，但他们仍然乐观自信，相信自己最终能完成这个任务。在第十七章我们还会看到至少在 7 岁以前，孩子们对自己的能力都是充满信心的，这是预先规定的发育过程。因为在此之前，他们不能区分能力与努力，大多数孩子都相信只要坚持试下去，最终会成功的。进入 5 年级后，认知能力已经成熟，对自己能做什么，不能做什么，孩子们有了一个更现实的评价。他们开始明白，有的孩子比自己能力强，而有的比自己能力弱。他们会意识到如果想取得与更聪明一点的同学相同的成绩，那就需要加倍地努力。

意识到努力能弥补能力的不足，对 8 至 12 岁的孩子来说是至关重要的，也是培养孩子面对困难时坚持不懈这一品质的关键因素。我们如果能首先预见到孩子发育过程的这一变化，并且在孩子上学以后，充分肯定他所做出的努力，而不仅仅是表扬他取得的成绩，那么孩子更可能养成良好的学习习惯，掌握其他与日后工作密切相关的才干。

本书如何帮你

尽管大家一致认同教授孩子情商技能的重要性，但本书首次系统研究了儿童时代情商技能的发育过程，并论述了如何在现实生活中提高孩子的情商技能。和其他为父母所写书籍的不同之处在于，本书并非我作为心理学家的一家之言，而是集数十年来全国各地的大学、医院、诊所研究成果之大成。尽管这些成果来自不同领域，有神经解剖学、儿童发育学、社会人类学、教育学、心理学等，但结果是不谋而合的：情商技能，诸如解决人际关系问题的能力、持之以恒的能力、友善及情感共鸣等等，都是可教的，都会对孩子日后的生活产生深远的影响。

我把情商分成6个部分：与道德行为相关的技能、思考能力、解决问题的能力、与社会技能相关的能力、自我激励的能力及与情感相关的能力。每个部分又细分出特殊的情商技能，比如：自我激励、交友、情感共鸣、现实地思考等等。读完本书，你便会清楚了解孩子的情商，知道怎样去帮助他们提高情商。

"足够好的父母"

阅读本书时，你会发现许多与你原先的想法不一样的建议，或许这样的建议太多了。我并不是要你觉得自己每件事都做错了，也不想用一个理想化的培养孩子的方式来给你增加负担。我只是认为，作为关心孩子的父母，你应该读一下本书，吸取相关的知识，或许改变一两个你培养孩子的方法。

世界上没有十全十美的父母，只有许多心理学家所称的"足够好的父母"。他们为培养孩子的社会和情感技能尽了最大努力，并为孩子在家庭之外继续发展这些技能提供了足够的机会。

还有一点一定要记住：即使一个小小的变化，也会对孩子的生活产生深远的影响。有一本类似的书，认为情商技能是互不相关的，就像骑自行车和滑旱冰一样风马牛不相及。而本书绝非如此，我所介绍的所有情商技能几乎都是互相关联的，教会孩子一种办法将会使孩子的其他情商技能连锁发展。比如，在第六部分中，我讨论了对在学校取得好成绩极其重要的情商技能，提供了一些合作性的活动内容，以使孩子们排除压力。这种合作能力也有助于孩子们学会控制自己的愤怒、与权威人士友好相处，对交友则更加有用。换句话说，在家庭中着重培养孩子情商的某一部分能力，会产生滚雪球似的效果。你一旦开始了，事情就会越变越好。

第二章
做高情商的父母

根据父母对待孩子的方式，研究者们把父母分成三种类型：独裁型、纵容型、权威型。独裁型父母设定了严格的限制，孩子必须遵守，他们坚信孩子必须"待在该待的地方"，反对他们发展自己的观点，企图按照严格限制和传统来管教孩子，却没有意识到，许多情况下他们过分强调秩序和严格控制，反而成为孩子的负担。伊丽莎白·埃利斯在《培养有责任心的孩子》一书中这么写道：许多研究表明，独裁型家庭出来的孩子过得都不好……他们都不快乐，离群索居，难以信任他人。与控制不太严的家庭出来的孩子相比，对自己的评价最低，最缺乏自信。

纵容型父母却走向另一个极端。他们想尽可能地接受孩子，尽力去培养孩子，但却很被动，不能为孩子设置一定的限制，孩子不服从时也束手无策。他们对孩子没有强烈的要求，甚至没有明确的培养目标，相信孩子应该根据天性自然发展。

权威型父母与上述两者都不同，既尽力为培养孩子创造极佳的成长环境，又确定明确的限制。他们指导孩子，但绝不意味着控制孩子。他们对自己的行为做出解释，同时也允许孩子有主见。对孩子的独立性很欣赏，同时又培养他们对家庭、同伴和社会的责任感，反对孩子的依赖性和幼稚的行为，鼓励和赞扬孩子的能力。所以正如你所料，一个又一个研究证明权威型父母必定更可能培养出自信、独立、想象力丰富、适应性强、很受欢迎的孩子，也就是高情商的孩子。

以上三种分类尽管对研究很有帮助，但许多方面失于简单。实际生活中，你会发现有的家庭中父母一方是独裁型，另一方却是纵容型，而且这种现象比比皆是。这些父母在培养孩子方面，有可能相互弥补对方的不足。在另外一些家庭中，父母在某些方面是权威型，而在别的方面却又是纵容型，甚至是过分溺爱型，尽管在伊丽莎白·埃利斯看来这两种的结果是一样的。埃利斯认为，一般的美国父母爱孩子都稍过分，很难拒绝孩子的要求。

给孩子建设性的关怀

关心爱护孩子与溺爱是完全不同的两回事。建设性的关怀意味着为孩子提供良好的情感环境，以一种孩子明确认可的方式支持他。这种关怀远远不止表扬孩子取得好成绩或晚上拥抱孩子。它需要父母积极参与到孩子的情感生活中去，和孩子一起玩。对于较大的孩子，应该按照专家建议的方法，和他们一起参加某些活动。

研究证明，开放式的关怀对孩子自我形象的提升、处理问题的能力，甚至是他们的健康都有长期影响。心理学家琳达·鲁塞克和施瓦茨向美国心身医学会 1996 年 3 月的会议呈交的研究报告正好证明了这一点。他们对始于 35 年前的一项研究做了报告。

当时有87名20岁左右的哈佛大学的学生接受了调查，对父母的关心和支持做出书面评价。

35年后，这些参加者均已步入中年，研究者对他们又进行了调查。结果证明，自称受到父母关心的人，中年时患心脏病等严重疾病的可能性要小得多，也不受诸如家庭历史、年龄、吸烟等主要危险因素的影响。而那些认为父母对之不公的孩子到中年时，多患上比较严重的疾病。

类似的研究都证明了这一点：对孩子的身心健康，父母起了很重要的作用。儿童治疗专家中间目前正流行着一种做法：强调父母以接受和积极的态度参与对孩子的治疗。20世纪60年代，罗格斯大学教授伯纳德·吉斯耐就开创性地提出，可以训练父母充当有问题孩子的代理治疗师，这些孩子的问题并不一定是因为受父母虐待或父母患有精神疾病，而仅仅因为父母没有掌握与孩子发展积极关系的技巧。

最近，治疗注意力缺失症的专家、闻名全国的鲁塞尔·伯克利建议那些"困难"孩子的父母每天花20分钟时间和孩子待在一起，以使孩子得到肯定性的关怀，这对患有注意力缺失症的孩子来说是极重要的。因为他们总是受到老师、同伴和家庭成员的嘲弄与批评，这些关怀可以使他们受益终生。推而广之，对所有孩子来说，这都不失为一个行之有效的方法（尽管大多数情况下，每周有两到三次的"特别时间"是更切实可行的）。

对9岁以下的孩子，伯克利建议父母设定一段特定的时间段，参加孩子的玩耍和游戏。这时，父母不应该对孩子的兴趣、热情

和接受能力做任何评价,并且应该注意以下几点:

1. 表扬孩子合适的行为,如"你搭的塔真大!"等等。当然,这种赞扬应该准确、真诚,避免过分的言辞。

2. 参加孩子的活动,以表明你的兴趣。把你看到的情况说出来,并能反映孩子们的情感,不管这是怎样一种情感。比如:"你似乎特别喜欢让那两个男孩扭打,你看上去一点儿也不生气,所以我想你从中得到了乐趣。"

3. 不要提问或发布命令。你的任务只是观察,说出你的所见,而不是去控制或指导孩子。

如果你的孩子处在 4 到 9 岁年龄段,那么,你应该坚持每周几天有规律地与孩子一起玩耍,并保证遵守时间规定,持之以恒。对 9 岁以上的孩子,如果再规定严格的玩耍时间则是比较笨拙的做法,应该随时找机会参加适合他们年龄的游戏,并且不做任何评价。

积极的约束

家长们一般都能轻易学会建设性关怀的原则,但对约束却很难掌握。富有积极意义的约束就是父母应该掌握对付孩子调皮捣蛋行为的办法,这些办法是经过深思熟虑、具有预见性、与孩子年龄相适应的。如果遇到下面的情况,你会怎么处理?

小珠宝店的女售货员和顾客都惊呆了。今天是假期里最忙的一天。一名5岁左右的男孩正在大发脾气，到处乱踢、乱扔东西、尖声嘶喊，眼看着他就要踢到贵重珠宝的柜台了。他的母亲也和他一样，忘了周围环境，不顾其他人的一脸惊愕，安安稳稳地坐在孩子旁边，两腿交叉，对孩子说："本吉，你不要光顾哭，告诉我出了什么事。如果你只顾哭，我就不知道究竟出了什么事。我知道你情绪不好，但如果你希望我帮助你，你就得告诉我究竟是什么事让你心烦。"

"我真想告诉你什么事让我心烦。"女售货员低声咕哝了一句，不知道是否有勇气和能力让这母子俩离开。她最后只是静观着，心里琢磨这位母亲会怎么看待这次事件对孩子的影响。

这位母亲犯了个错误，认为总是应该劝导孩子，给他机会，即使他的调皮捣蛋已远远超出了社会现有的接受标准。正如威廉·达蒙在《更高的期望：克服家庭和学校的纵容观念》一书中所写："所有孩子都需要接受纪律，这既有积极意义，也有约束意义。如果孩子要学习生产技能，那么他需要培养纪律性，来最大限度地发挥天赋，而在试探社会规定的极限时（每个孩子不时都会这么做），他也需要这种坚定而又前后一贯的纪律的约束。"事实上，要想提高孩子的情商水平，不对孩子采取一致有效的纪律约束，是不可能达到目的的。尽管市面上有成百上千的书籍专门论述如何最好地管教孩子，但真正有效的原则只有简单的几点：

1. 将限制和规定清楚地确定下来，并坚持遵守。如果可能，写下并公布这些规定。

2. 孩子开始调皮时，警告或提醒他们。这是培养孩子自我控制能力的最佳办法。

3. 用表扬或欣赏来肯定好的行为，以此塑造积极的行为，对孩子故意吸引你注意的行为置之不理。

4. 教育孩子按照你期望的那样成长。一般来说，父母不会花足够的时间与孩子谈论价值观、社会准则，不告诉他们这些价值观和准则之所以重要的原因。

5. 防患于未然。根据行为心理学，大多数问题的发生是有特定的刺激原因和信号的。及时看出并排除这些因素，会有助于避免问题的发生。

6. 如果某规定和限制被违反了，不管是否故意，应立即给予适当的惩罚。一定要前后一致，说到做到。

7. 惩罚孩子时，程度一定要适宜。

8. 掌握一些限制办法。最普遍使用的有：

A. 指责：这是孩子犯错后，父母首先该做的事，其使用频率相当高。关于如何指责孩子，既让他改正错误，又不至于对你产生怨恨或对他的自我形象产生消极影响，请参考第七章。

B. 明白后果：就是让孩子经历自己的捣乱行为必然产生的后果，以便让他明白你为什么要确立某项规定。比如当母亲心急如焚地要赶校车时，孩子磨磨蹭蹭，不愿意追上，那么就该让他自己走到学校，并告诉老师他迟到的原因。当然，有时这个方法是不现实的或危险的，比如教育孩子不要跑上大街，不要玩火，等等，如果孩子违犯了，你就不能使用此法。

C. 面壁：或许这是最常用的方法了，就是让你的孩子独自待在一个中性的、不受影响的地方，时间很短，根据年龄大小，1岁加1分钟。如果孩子在公众场合捣乱，这个方法很有效。

D. 剥夺一项特权：当孩子太大，不能用"面壁"法时，父母便可以剥夺他们的一项特权。比如不让看电视、玩游戏机和打电话，效果就很好。但不要剥夺有可能对他们的成长有利的特权，比如，提前一个月不许他外出，而不是不让他参加学校的篝火晚会。

E. 过度矫正：该办法一般用于快速矫正行为。孩子捣蛋时，他必须重复正确行为至少10遍，或持续20分钟。比如，如果孩子从学校放学回家，把外衣和书本扔到地板上，对你的招呼不理不睬，你就该让他出去，重新进门10次，每次都要热情地与你打招呼，并把书本放好，把外衣挂在衣帽钩上。

F. 行为分数制度：对一些慢性问题，许多心理学家建议采取这种办法，即每次孩子做出明确界定的积极行为，便给他加分，分数可以使他立即得到或以后得到奖赏。相反，做出调皮捣蛋行为就减分。

正像你会在本书中看到的，许多研究都强烈证明，如果想培养出高情商的孩子，那么太严格总比太宽容要好得多。《今日美国》对 101 名高中全优生进行了调查，有 49% 的学生认为自己的父母比别的父母更严。

培养高情商孩子的最大障碍

只要观察一下孩子看电视的习惯，我们对约束孩子时会遇到的困难便一目了然。我认为，电视和香烟一样有害。美国卫生局局长也应该对看电视提出警告。尽管电视不像香烟，对身体的危害要在较长时间里才能看出来。但是有人认为，看电视导致儿童肥胖症的人数增加（据统计现在有 14% 的儿童患有此症），而肥胖又会引发许多严重疾病，缩短人的寿命。

看电视不会使人肉体上瘾，却会使人精神上瘾。记录美国人习惯的《人之百科全书》做过调查，结果非常令人吃惊。1000 多人被问及如何才能让他们戒掉看电视的瘾时，46% 的人说不给他们 100 万美元他们不会戒掉，另有 25% 的人声称即使给他们这么多钱，他们也不戒。

尽管电视本身并不坏，但是在电视上花太多时间，不利于提高情商技能。平均每个美国孩子每周要花 24 小时看电视。这可是整整一天的时间啊！事实上，孩子们除了睡觉外，花在电视上的时间最多了。到 5 岁，每个孩子平均看电视的时间相当于大学 4 年上课的时间！

专家们一直呼吁，看电视太多对孩子不利。但许多父母自身对电视过度迷恋，所以不能控制孩子们看电视的时间，就像让酒鬼来禁酒一样。许多父母发现电视是一个便宜的保姆。但如果你真想培养孩子的情商，那么你必须严格限制孩子看电视的时间。

我建议，全家每天花一点时间，或许两小时看电视（包括看录像和游戏等）。这个规定适用于全家每一个人，不仅仅是孩子。你拿着遥控器，坐下来和孩子们一起看，选择他们喜欢的节目（当然也是你喜欢的）。看电视大多只是消磨时间，并没有那么多让孩子兴奋入迷的节目。

尽管刚开始你要费点劲去安排孩子不看电视时的空闲时间，但是，一旦他戒掉电视，你会发现，孩子最终会对这些空闲时间有自己创造性的想法。把棋类从壁橱里请出来吧，去图书馆借些

你希望孩子怎样了解这个世界？是通过看电视还是通过亲身体会？电视可能是妨碍孩子发展社会和情感技能唯一最大的障碍。

书来,培养点画画等艺术方面的习惯,参加体育项目,等等。在本书第八部分你会明白,我不认为玩电脑和看电视一样有害,因为前者是主动积极而非被动的,有助于培养孩子的情商。尽管如此,电脑只是现实世界的翻版,并不能代替亲人的拥抱、大自然的气息,因此花在电脑上的时间也应该限制。

从何处着手

如果你像阅读其他育儿书籍一样阅读此书,那么你可能会一上来就寻找你自己或孩子关心的部分,而不是从头至尾仔细阅读。下面的检查表就是为你专门设计出来的,能帮助你了解自己在培养高情商孩子方面已经做了多少,还需要做些什么。该检查表的目的不是给你评分,而是为你提供一个本书的导读,使你阅读起来更有效。

父母情商检查表

1. 遇到重要问题,你会避免让孩子知道吗?
 _____是 _____否
否。

大多数心理学家认为,父母不应该在重要问题上避开孩子,即使孩子尚幼。孩子的适应能力比大家想象的要强得多,并能在解决现实问题中获益(见第六章)。

2. 你会公开谈论自己的失误吗？

_____是　　_____否

是。

要想让孩子们的想法和期望切合实际，必须让其学会接受父母的优点和缺点（见第九章）。

3. 你的孩子每周看电视时间超过12小时吗？

_____是　　_____否

否。

实际上，美国每个孩子每周看电视的时间是24小时，太多了。这样做对提高情商技能一点好处也没有。尤其是暴力内容，对不能很好控制愤怒的孩子非常有害（见第二章）。

4. 你家有电脑吗？

_____是　　_____否

是。

心理学家和社会学家一度认为，电脑和电子游戏阻碍孩子社交能力的发展，但这么说似乎不对。孩子（包括成人）已找到利用电脑和在线服务的新方法，能提高情商技能。

5. 你认为自己乐观吗？

_____是　　_____否

是。

研究表明乐观的孩子更快乐,在学校更容易成功,身体更健康。而孩子乐观或悲观性格主要是靠对你的一举一动耳闻目睹养成的(见第七章)。

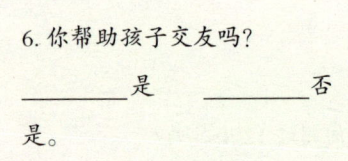

6. 你帮助孩子交友吗?
_____是　　_____否
是。

研究者们发现,有一个"好朋友",尤其在9至12岁时,是孩子学会与人保持亲密关系关键性里程碑式的一步。孩子蹒跚学步时,就应该教他如何交友(见第十四章)。

7. 你限制孩子观看电视或录像中的暴力内容吗?
_____是　　_____否
是。

尽管还没有明确证据证明,观看暴力内容的电视节目或类似电子游戏,会使孩子变得霸道,但这些内容确实能使他们对别人的感情和担心无动于衷(见第二章)。

8. 你每天至少花15分钟非指导性地参加孩子的游戏和活动吗?
_____是　　_____否
是。

不幸的是,现在的父母与孩子在一起的时间越来越少。而与孩子一起玩耍或非指导性地参加大孩子的活动,会有力地提升孩子的自我形象和自信心（见第二章）。

9. 你有明确一贯的办法来管教孩子吗？

_____是　　_____否

是。

如今，权威型父母可以预防孩子有可能遭遇到的许多问题。他们集抚育与适当且一贯的管教于一身。专家们相信，过度纵容是导致儿童时期许多问题的原因，包括抗命不遵和反社会的行为（见第二章）。

10. 你定期与孩子一起参加社区服务活动吗？

_____是　　_____否

是。

孩子们只有亲身体验，才能懂得照顾别人。只有言传是没有用的。同时，社区服务活动还能教会孩子们许多社会技能，防止他们出现问题（见第三章）。

11. 你对孩子是否诚实可信？即使是谈到病痛或失业等非常痛苦的话题，也是如此？

_____是　　_____否

是。

许多父母试图把孩子保护起来，使他们免受任何压力的侵扰，保持童心不泯。殊不知，这么做对孩子反而弊大于利。孩子从小不懂得如何有效地面对问题,尤其是人际关系问题,日后会越来越脆弱(见第四章)。

12. 你教过孩子如何放松身体,以对付压力、病痛和忧虑吗?
_____是　　_____否
是。

孩子4—5岁时,你就可以训练他学会放松身体,这不仅有助于孩子应付当时遇到的问题,更有助于他日后健康成长(见第二十三章)。

13. 孩子解决不了某个问题时,你插手吗?
_____是　　_____否
否。

研究表明,孩子开始自己解决问题的时间比我们想象的要早得多。孩子学会自己解决问题后,就会获得自信心,学会重要的社会技能(见第十和十一章)。

14. 你定期开家庭会议吗?
_____是　　_____否
是。

模仿是孩子学习社会和情感技能的最重要的方法,家庭会议是孩子学习解决问题技巧及如何在团体中发挥作用的理想场所(见第十五章)。

15. 你坚持要求孩子永远对别人彬彬有礼吗?

_____是   _____否

是。

文明的举止很容易教,而且对孩子在学校和将来在社会上的成功起举足轻重的作用(见第十六章)。

16. 你是否花时间教孩子如何从日常生活,甚至是从他们的麻烦中看到幽默?

_____是   _____否

是。

越来越多的研究证明,幽默感不仅是一个很重要的社会技能,更是孩子身心健康的重要因素(见第十三章)。

17. 对孩子的学习习惯和组织能力,你的标准是可变的吗?

_____是   _____否

否。

你应该在许多方面灵活多变,但孩子的学习习惯和工作技能是不能变通的。要想在学校和日后工作中取得成功,孩子必须学会自我约束、合理分配时间,并掌握组织才能(见第十八章)。

18. 孩子抱怨某事太难或已经失败后,你仍让他坚持试下去吗?

_____是   _____否

是。

要想成就事业，最重要的一点就是面对失败坚持不懈的韧性。总的来说，美国的父母在这方面做得不够（见第十八章）。

19. 你坚持要孩子每天锻炼、养成健康的饮食习惯吗？
_____是　　_____否
是。

健康饮食和锻炼对身体的好处不言而喻，此外，它对孩子大脑的发育也起着极其重要的作用（见第二十三章）。

20. 你能正视孩子的不诚实，哪怕是一件小事吗？
_____是　　_____否
是。

随着年龄的增长，孩子对诚实的看法也相应发生变化。但诚实可信应永远被视作美德而受到重视（见第四章）。

21. 即使怀疑孩子正在伤害自己或他人，你也尊重孩子的"隐私"吗？
_____是　　_____否
否。

隐私和信任是培养孩子过程中的孪生儿。孩子在每个年龄段都应该知道：什么是自己的隐私，什么应该让父母知道（见第四章）。

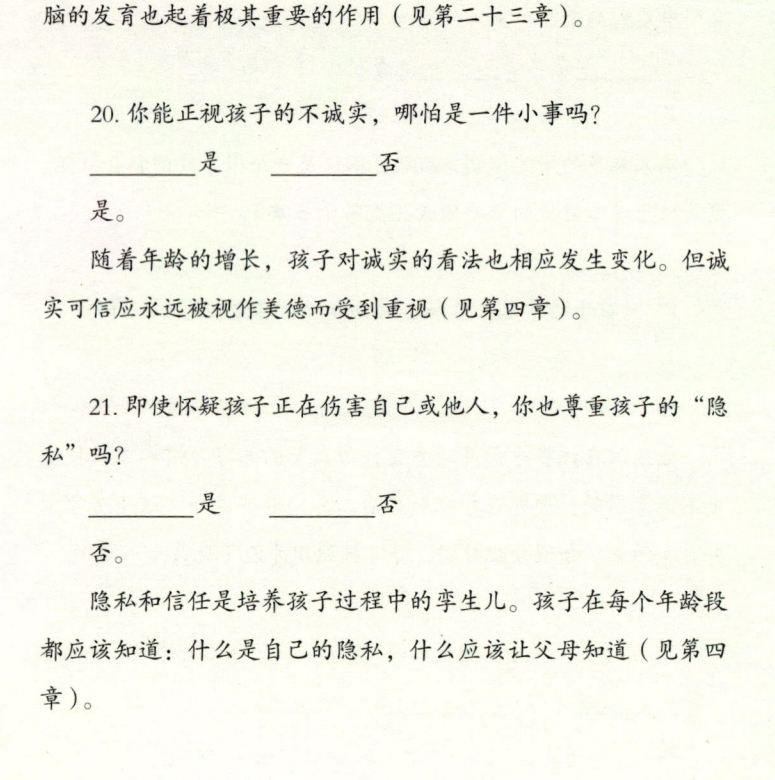

22. 你同意由老师在学校激发孩子的动力,而自己置身其外吗?

_____是　　_____否

否。

激发孩子夺取成功应该从家里开始。对其他文化的研究发现,父母越是参加孩子的教育,孩子成功的机会就越大(见第十七章)。

23. 由于你自己存在某些问题,因此对孩子的类似问题更加容忍吗?

_____是　　_____否

否。

孩子和父母具有同样的问题并不奇怪,如果你有抑郁症或脾气暴躁等问题,那么你就应该想办法改变自己和孩子的行为(见第七章)。

24. 孩子不愿谈使他生气或烦恼的事情时,你能让他独处吗?

_____是　　_____否

否。

孩子几乎都不愿意说出自己的烦心事,但从情商的观点看,你应该鼓励他说出来。把这些问题和自己的感觉说出来,会改变孩子的大脑发育,在大脑的情感和思维两部分间架起桥梁。(见

第二十章)

25. 你相信无论遇到什么问题，总有解决办法吗？
　　_____是　　_____否
是。

儿童和青少年及成人一样，可以学会寻找解决问题的方法，而非为其困扰，束手无策。这种认识世界的主动方式，能提升孩子的自信，扩大其关系网（见第十一章）。

第二部分
道德情感

THE MORAL EMOTIONS

过去40年来，从小学校长到牧师再到总统，每个人都为孩子的道德危机而苦恼，然而事情并没有向好的方向转变。统计数字更是让人目瞪口呆，现实远比想象糟糕。

一个14岁的男孩，用球棒将同学毒打致死，然后竟跑去参加朋友的游戏，炫耀自己沾满血迹的胳膊。佛罗里达一个9岁的男孩把邻居的3岁孩子推入游泳池，看着他慢慢淹死。另一个9岁的男孩居然用铅笔刀顶着母亲的喉咙，要她去换掉在一家餐馆吃午饭时得的木偶礼品，不然就杀了她！

这些例子说明问题已经相当严重了。道德的极端发育不良或者说全面匮乏，已经影响社会的方方面面——家庭和谐、学校教育、公共安全以及社会价值观的完整性等等。

成功的道德发育意味着具备关心他人的品质，包括：分担别人的痛苦、帮助别人、照顾别人、利他主义行为、容忍他人以及遵从社会规范。布朗大学的威廉·达蒙教授是研究美国青少年道德发育的专家，他认为要想成长为一名有道德的人，孩子们必须掌握如下情感和社会技能：

- 能区分对错，能做自己认为对的事情。

- 关心、尊重他人的福利和权利，有责任心，并以关怀、仁慈、善良和充满同情心的行为来体现这种关心。
- 应该有负面的感情经历，比如羞愧、内疚、愤怒、恐惧以及违反道德规范等。

关心照顾他人，甚至牺牲自己，无疑是遗传基因的一部分。这样的例子无论是在灵长类还是在低级动物身上，都随处可见。每当种群受到攻击时，蚂蚁和白蚁中的兵蚁都能挺身而出，吸引攻击者的注意力，从而保护同类。我们经常看到雌鸟假装受伤，飞离鸟巢，把敌人引开以保护小鸟。不同种群可以收养其他种群的后代，视同己出。

人们对鼠类总存有偏见，认为它们又脏又坏，但科学家们发现，它们是所有动物中最护子的。在一次不同种群互相收养的实验中，老鼠最容易收养其他小动物，甚至包括小猫。它们收养小猫的热情很高，但却不知道如何喂养。当研究人员试图把小猫拿走时，母鼠竟对他又抓又咬。

人类历史上以及今天的日常生活中，也不难发现许多这样的例子。然而，基因遗传却是很容易被后天的抚养方式和价值观改变的。亚利桑那州立大学的南希·爱森堡教授在《富有爱心的儿童》一书中，列举了正反两方面的例子。她把乌干达的伊克人描写成"没有爱的民族"，在他们中间，爱心和慷慨被视作脆弱，唯一真正有价值的是食物，它成了"好"的同义词。因此能让吃饱肚子的人就是好人。寻找食物对他们来说是如此重要，以致远远超出了对至亲的关心。因此,儿子偷老弱病残的父母的食物,不顾他们死活的事件屡见不鲜。

相反,亚利桑那的霍皮族印第安人道德水准就极高。他们认为,宇宙的各个部分是互相依赖的,因而人与人之间的合作是生存的基础。他们的孩子从小就明白,拥有一颗善良的心是最重要的,他们为别人的福利和幸福可以不惜牺牲自己。

许多负面的感情因素,可以促使孩子学会忠实于社会的既定道德标准,这些因素包括:

- 害怕受惩罚
- 担心得不到社会接受
- 因为不能实现自己的期望而产生的内疚感
- 因为做了不受欢迎的事被抓住而产生的羞耻和尴尬

第三章
鼓励孩子的同情心

德瓦娜·布鲁克斯上4年级,她正在研究无家可归的问题,就像许多同龄孩子一样,这一问题比其他影响她生活的问题更令她感兴趣。有一天,从学校回家的路上,她遇到一个流浪汉,德瓦娜停下来问:"你需要什么东西吗?"

"我需要一份工作、一个家。"无家可归者说的是无可争辩的事实。德瓦娜觉得对此无能为力,便又问:"你还需要其他什么东西吗?"

"真想吃上一顿饱饭啊。"无家可归者满脸憧憬地回答。德瓦娜觉得这是她能够做到的。

于是德瓦娜花了整整3天时间采购、做计划,最后在妈妈和两位姐姐的帮助下,做成100多道菜,送到附近一个流浪者收容所。在此后的一年中,几乎每个周五晚上,德瓦娜全家都要给收容所送饭。在全社区人的捐助与全班同学的帮助下,德瓦娜至今已为达拉斯的无家可归者提供了数千份饭菜。

当《今日美国》的记者采访德瓦娜时,她这么回答:"我们每个人都应该关心他人……而且我们自己也欠别人的。我们中的每个人都受到过别人的帮助,我们应该随时准备着把别人的帮助转为对别人的关心。"

德瓦娜用行动解释了什么叫同情——她能设身处地为别人着想。事实上，她所做的已经超出了同情的范围。因为她一旦了解了无家可归者的感情，就愿意为他采取行动。她至今已经帮助了数百人。

教育孩子同情他人所得到的回报是无限的。同情他人的孩子一般都不会霸道，更能从事对社会有益的事情，比如帮助他人，分担他人痛苦，等等。因而这些孩子更能得到同伴和大人的喜爱，在学校和日后的工作中成功的机会更多，长大后更能发展与配偶、孩子、朋友间的亲密关系。

儿童同情心发育的几个阶段

儿童发育心理学家指出，同情心实际上包括两个方面：对他人的情感反应和认知反应。前者一般在孩子 6 岁之前发育成熟，后者决定较大孩子理解他人观点和感情的深浅程度。

不到 1 岁的婴儿就有对别人的情感反应，如果旁边有孩子哭，婴儿会不断地转向他，并会随之一起哭。儿童发育心理学家马丁·霍夫曼把这种现象称为"全球同情心"，因为这时孩子还不能区分自己和世界，因而把别的孩子的痛苦视同自己的。1 至 2 岁时，进入同情心发育的第二阶段：孩子能清楚地分辨自己和他人的痛苦，并且具备了试图减轻他人痛苦的本能。由于认知能力不成熟，不知道该如何做才好，因而导致了同情心混乱的状态。下面的例子形象地说明了这一现象。

当玩伴梅拉妮突然大哭时,莎拉便陷入同情心混乱状态。刚开始,莎拉自己似乎马上就要哭了,但她没有哭出来,而是放下手中的积木,转身轻拍梅拉妮。

梅拉妮的母亲跑过来,把女儿抱在怀里安慰着,这反而使梅拉妮哭得更厉害。莎拉看到梅拉妮仍很痛苦,但有人照顾她,便轻轻地抚摸梅拉妮母亲的胳膊。梅拉妮的母亲发现孩子的裤子湿了,便抱着她离开了房间,留下莎拉一个人。莎拉显然对这种结果不满意,于是抱起玩具熊轻拍着,还不时拍拍自己的胳膊。

有的孩子似乎天生比别的孩子更富同情心。心理学家拉德克·雅罗和扎恩·瓦克斯勒在对蹒跚学步时的儿童进行研究后发现,有的孩子在看到同伴遭受痛苦时,表现出同情心,并想提供直接的帮助,而有的只是旁观,仅仅表示出兴趣而非关心。另外,还有孩子对同伴的痛苦显示出负面反应,离开甚至辱骂或殴打哭泣的同伴。随着感性和认知能力的成熟,孩子渐渐能区分他人精神痛苦的不同表现了,并能用行为表达自己的关心。

6岁时,孩子进入了同情心发育的认知反应阶段,具备了根据别人的想法和行为来看待问题的能力。这种能力使得孩子知道什么时候该去安慰正哭泣的同伴,什么时候该让他独处。认知同情心无须情感交流(如哭泣等),因为他们内心明白痛苦时的感受,无论这种感受是否表现出来。

以8岁的凯文为例。当他妈妈正在商店购买晚饭食品时,他决定到商店外面去。这时他看到一名妇女，大约与他奶奶年龄相仿，提着满满一包东西走向门口。出于本能，他紧走几步，替老奶奶打开了门，老奶奶对他的体贴报以热情的感激。

不一会儿，一名年轻的母亲走了过来。她一手抱着婴儿，一手提着购物袋。凯文再次敏捷地打开了大门，又得到真诚的感谢。后来，又走过来一位头戴画家帽、手端咖啡的男人，一名老年妇女，两个边走边聊的少年，凯文为他们每个人开门，得到了每个人的感谢。凯文可以想象这些人心里的感受（即使他们都没有说出来），并做出适当反应。他是在运用他的同情心的认知反应能力。

到10至12岁时，孩子的同情心从认识的或直接看得到的人身上扩展到从没见过的人身上，这个阶段被称作抽象同情心阶段。孩子对处于劣势的人，无论是否生活在同一社区或同一家庭，都能表示同情。如果孩子对他人表现出仁慈和无私，那么我们就可以说他们已经完全掌握情商中的同情心技能了。

如何帮助孩子更有同情心

我们已经知道，绝大多数孩子都能自然而然地发展出同情心这一所有社会技能的基础。许多研究结果也许会让你大吃一惊：男孩和女孩表现同情心的方式并没有太大不同。一般说来，男孩女孩一样愿意帮助别人，但相比而言，男孩更愿做些体力上或"营救"之类的事（如教别的孩子学骑车等），而女孩则更能起到精神支持的作用（如安慰心情不好的伙伴等）。孩子所处的社会阶层和家庭成员的多少都不会对表现同情的方式产生影响，尽管大一点的孩子比小弟妹更能帮助别人。兄弟姐妹之间，如果年龄相差太大，那么大孩子就更容易帮助小弟妹。

鉴于孩子乐于助人、善于思考的天性，我们有理由期望现实生活中的同情行为更多。如果孩子有了不关心人、不替他人着想甚至残忍无情等"非天性"的行为，多数情况下可以在他的家庭中找到原因。如果你希望你的孩子能更加关心和爱护他人，做出相应的举动，那么下面就是你所应该做的。

善良和体贴是孩子遗传基因中就具备的天性，但如果后天得不到很好的培育，那么就会消失。

提高对孩子同情心和责任心的期望

在有些家庭中，宗教对孩子的道德发育起着极其重要的作用。尽管大多数宗教要求孩子熟记一系列道德规范（如《圣经》中的十诫），但这种简单的背诵对孩子的行为不会产生任何影响，只有日常生活中父母的一言一行所体现的宗教价值观，才真正影响孩子。有些宗教团体在教育孩子关心他人方面非常成功。

例如，在《培养孩子成为高尚的人》一书中，拉比奈尔·库山这样评价犹太人重视培养孩子关心他人的品质："高尚的人意味着有一种责任心，将自身的需要和欲望让位于他人的需要和欲望。高尚的人能克制自己，谦卑有礼，对别人的情感和思想非常敏感。他们能感受到减轻他人痛苦、替他人分忧的纯真情感。"

然而"高尚的人"一词已经从美籍犹太人文化中消失，库山为此感到很悲哀。他曾经问过一群10年级的孩子该词的含义，他们都用疑惑的眼光瞪着他。然后一个男孩急切地解释道："它指好与男人调情的漂亮女人。"

这个回答使库山大惑不解。后来他才明白，小男孩是把它与"少妇"一词混淆了（注：英文中两词的拼法相近）。

库山把"高尚的人"一词的消失，归因于父母降低对子女的期望，他们甚至害怕自己的期望会遭到孩子的反对，甚至拒绝。库山写道："我经常遇到这样的父母，他们总是要在孩子的抽屉里放上5到10美元，否则便担心孩子会偷更多的钱。有的父母因为担心孩子会对他们不理不睬，因而不规定禁止孩子晚上外出的时间，还有些父母则因为被孩子骂成'白痴''笨蛋'，就绝口无言，不敢再对孩子要求什么。"因此，如果你希望孩子长大后具备同情心、爱心以及责任心，那么现在就必须对他们寄予这些希望。家庭规定必须清楚明白，保持前后一致和对所有成员都一视同仁，必须要求孩子对某些事负起责任。孩子到2岁就可以要求他自己的事情自己完成，甚至帮助家长干些简单的家务，如摆饭桌等。随着年龄的增长，所干的家务及所负的责任应该逐渐增加，且不应该附带任何奖赏或许诺。应该期望孩子帮助干家务，因为帮助别人是正确的事情。而获得奖赏和学习如何处理钱财完全是两回事。

因此，要想让孩子处事周到、体贴人、富有责任心，有一件事你必须做到：提高对孩子的期望。做纵容型的父母，为孩子整理床铺或替他做家庭作业，很容易做到。然而要想培养孩子的责任心，父母自己就应该具备更多的责任心。先纠正自己内心的观念：纵容娇惯对孩子没什么危害。不！太有害了！

教会孩子"随时随地做好事"

古罗马政治家西塞罗曾经写过："人类只有行善，才能接近上帝。"

培养孩子同情心的最简单也是最有效的方法，就是教他如何"随时随地做好事"。《随时随地做好事》一书掀起了一场全国性的做好事运动。书中讲述了许多道理，比如简单的体贴和考虑他人的行为如何深远地影响他人生活等等。一名大学生收到朋友母亲的一张贺年卡，使他离家头几个月的心情轻松很多；一名妇女把一个坏台灯丢在公共汽车上，汽车司机花了好长时间修好后将它送回；一位新近守寡的妇女跑出汽车，蹲在路边抽泣，她与孩子们的圣诞旅游是如此令人伤心，一位陌生人走过来，轻声安慰她，并邀请她全家喝茶、游览全城的圣诞灯火。

《随时随地做好事》的编辑们完全被书中的故事感动了，他们一直在思索这样一个问题：为什么这些简单至极的好事能影响那么多人的生活呢？他们在由观众来信编成的续集前言中这么写道："读了这么多感人的故事，我们明白了，善良是人类手中最有力的工具，它的力量不仅可以让任何愿意使用它的人轻易获得，而且其永不减灭，相反会随着人类的每一次行动而增强。"

那么就从今天做起吧。今天和任何一天一样，都是把做好事变为家庭项目的日子。从文具店买一个笔记本，记录家庭每个成员每天所做的好事。这些好事可以很简单，比如为别人开门，电话问候生病的朋友等。当善良成为一种习惯时，你将发现孩子们不会满足于这些，而会去做更有利于他人的事情。

让孩子参加社区服务

许多中学都要求学生们参加社区服务，否则不能毕业。根据教育机构 1994 年所做的一项调查，全国国立和私立中学中，超过 30% 的学校已经这么做或正准备这么做。参加服务的时间要求不一，从加利福尼亚拉古纳海滩的 40 小时到密苏里圣路易斯的 240 小时。然而这一举动实际上悲哀地显示了父母的失败。尽管有些宗教团体搞了一些社区服务活动，但是大多数孩子并没有定期参加类似的帮助老弱病残的活动，因而就没有亲身体会，也不懂得其真正的意义。即使父母不断地把这些思想灌输给他们，也只有亲身经历过的孩子才能真正受到影响。

全家人一起参加有组织的社区服务活动，定期帮助他人，不仅能培养孩子关心他人的品质，也能教会他们许多的社会技能，使他们懂得合作的重要性及锲而不舍、持之以恒的价值。这些都是高情商的重要组成部分。

如果你不是某些宗教和社区服务团体的成员，不能让孩子至少每两个星期参加一次社区服务，那么有些资料可以教你如何开始。《培养孩子责任心活动指南》和《助人手册》都很好，里面列出了许多孩子可以参加的活动。如：

- 在厨房帮忙
- 参加拯救濒危物种组织
- 帮助邻居打扫卫生
- 给老年人阅读书报
- 给小孩当家庭教师
- 给生病的小孩做玩具，等等

向地方报社打听一下，就会知道你所居住的社区中许多有价值的活动，其中总有能吸引你和孩子的事。要想让社区服务活动

成为孩子生活的一部分,有几点你必须牢记:

- 选择对你和孩子有意义的事
- 让参加社区服务活动成为你生活中的优先事项,不要丧失兴趣
- 尽量与孩子一起参加

需要牢记的情商要点

- 要想让孩子关心爱护他人,亲身经历是必不可少的,光靠说是绝对不够的。从本书中,你也许会看到,某些情商技能,尤其是人际关系方面的,只有通过亲身体会才能有效地在情感大脑中发育出来。
- 尽管思维大脑中的语言和逻辑能力对培养孩子的价值观非常重要,但它们不会像关心和帮助他人所带来的自豪感和归属感那样塑造孩子的行为。

第四章
诚实和正直

父母们都知道,孩子几乎是刚会说话就开始撒谎,有时可能更早些。比如母亲到另一个房间接电话时,两岁半的拉拉弄翻了粥碗。母亲回来后十分生气:"拉拉,是你干的吗?"尽管当时没有别人在场,拉拉还是一个劲地摇头否认。

一般说来,孩子撒谎时,父母总是忍不住要笑。一天早晨7点钟,马克的父亲发现用巧克力做的复活节玩偶的脑袋不见了,便问3岁的马克。马克尽管满脸都沾上了巧克力,却还是说不知道是谁吃的。

拉拉和马克知道自己的行为不对,害怕父母生气,却不知道撒谎也是不对的。孩子在2—3岁时,认知和语言能力的发育都不成熟,还不能看出自己的言行之间的直接关系。对他们来说,行为远比语言重要,而语言都是模糊的,有多重含义。

但是4岁起,孩子们开始明白,故意说谎而误导别人是不对的。事实上,这时候或稍大一点的孩子对事实几乎达到狂热的程度,如果发现父母、兄弟姐妹或朋友说谎骗自己,会非常愤怒。一个的意图并不像某项声明的真假那么重要,就像下面5岁的迈克和父亲杰夫的例子所展示的:

杰夫：啊，好像下雨了，我们没法去看球赛了。

迈克：你说过今天要去的！

杰夫：是的，我说过。但下雨了，球赛会取消的。

迈克：（眼中已经含满泪水）但是，你说过，我们要去的。你说过的，如果我们不去，你就说谎了。

杰夫：不，这不是说谎。如果比赛取消了，我也没有办法。我也想去，但没有比赛，我们去干什么？

迈克：（开始哭了）这就是撒谎。你说过我们会去的，我们不去，你就是说谎！

随着年龄的增长，大多数孩子的情商也相应提高，而诚实却不然。研究人员做过一次实验，专门测试孩子对说谎看法的改变过程。5岁时92%的孩子认为说谎永远不对，75%的人说自己从未说过谎。到11岁时，只有28%的人认为说谎永远不对，没有人宣称自己从未说过谎。随着年龄的增长，孩子逐渐开始区分谎言的类型和轻重程度。为了逃避惩罚而说谎是最坏的，比如"我丢了手表，所以上午没法不迟到"等。为了不伤害某人的感情而说谎就不那么坏，比如"我喜欢你的新眼镜，它使你看上去更聪明"等。为了帮助别人而说的利他主义谎言，已经被看作可以原谅的、高尚的，比如"托米把身上弄脏了，是我的责任。是我让他走那条很泥泞的小道的，我以为那是条捷径"。

据《孩子为何说谎》的作者保罗·艾克曼讲，孩子不诚实有多种原因，有的可以理解，有的不可以。小一点的孩子说谎一般是为了免受惩罚、得到自己想要的东西或让同伴羡慕。少年说谎更多是为了保护隐私（"我刚才出去了，没看见任何人"）、考验权威（"这学期历史课没有期末考试，不信你可以打电话问纳撒逊先生"）、避免受窘（"他们取消了万圣节舞会，所以不需要舞伴"）。

虽然说谎在成长过程中经常是可以理解的，但是如果孩子习惯性地说谎或对关系重大的事情也不说实话，那么就有问题了。正如艾克曼所描写的："对重要问题撒谎，使父母处理起来更困难，撒谎作为一个问题就更严重。撒谎腐蚀了人与人之间的亲密关系，滋长了不信任，损坏了互相信任的关系。说谎意味着不尊重被骗对象。人们几乎不可能与经常撒谎的人在一起生活。"

对长期说谎的孩子所做的研究发现，他们也经常有其他的反社会行为，如偷盗、诈骗和横行霸道等等。部分原因在于，不讲真话的孩子一般与不诚实的孩子为伍，形成一个小圈子，进而认为在圈外说谎也是可以接受的。艾克曼还指出，这些孩子往往成为"尖角效应"（相对于家庭中的"光环效应"）的牺牲品。当我们发现孩子说谎时，便不自觉地认为这就是他的性格，因而总觉得他会干出其他反社会的行为。许多时候，大人的这些不自觉的想法，成了孩子的自证预言，孩子便按照大人的这些坏"期望"长大。

有一点值得注意。父母离婚的孩子对诚实和正直的问题比一般孩子敏感。父母离异后，孩子在朋友面前往往否认这件事，他们拒绝接受事实，避免尴尬，或只是为了满足自己关于父母总有一天会重归于好的幻想。他们在面对父母一方时，可能会撒谎，以保护另一方，特别是当另一方开始约会后。或者，面对较为严格的一方家长时，他们为了保持自己认为的特权，会撒谎说另一方怎么对他好等。

离婚过程越是痛苦，父母双方关系越是紧张，孩子越是可能养成自我保护的撒谎习惯。这部分说明了父母离异的孩子成人后，与人难以相处的原因。如果你最近刚刚离婚，那就需要特别注意，你的行为和选择有可能对孩子的道德发育产生影响。

如何让孩子明白诚实的重要性

研究表明，经常说谎的孩子往往出自父母经常说谎的家庭。另外，管教不多甚至厌弃子女的家庭出来的孩子也容易变得不诚实。

尽管人人都承认自己说过谎，但你应该意识到说谎对孩子产生的直接和间接影响。当然，对孩子撒谎永远不会有正当理由，但这并不是说你应该把所有事情都告诉孩子，有许多事情是他们不必知道的，比如你的隐私或远远超出孩子理解能力的事情。即便如此，如果孩子偏要问，你就该照直对他们说，完全没必要编瞎话。

应该在家里不断地谈论诚实的重要性。为了保证诚实成为孩子道德教育的一部分，可以读一些强调其重要性的书籍，如威廉·贝内特的《美德书》，或由美国图书馆协会所编的《适合儿

父母可以用直接明了的方式帮助孩子面对他某个行为的后果。

童的最佳读物》中推荐的读本。有的电视节目、广播节目等，也是很有益的。

建立信任感

尽管孩子在 10 岁前对"信任"的话题不会有什么兴趣，但是越早和他们谈论这个问题越好。20 世纪 70 年代的人本主义心理学运动中，信任活动非常盛行，现在仍是团队建设、治疗过程、自助团体热身内容的一部分。

有些建立信任的游戏和活动也是很有趣的，比如：

搀扶盲人（7岁及以上）：这是一种比较常见的建立信任的方式，至今许多咨询公司、体育团队和经营管理训练用它来培养成员之间相互信赖的关系。把孩子的眼睛蒙上，领着他在屋子里走。在绕过家具、避开孩子认为的障碍的过程中，孩子会越来越依赖你身体上的指导。刚开始，孩子也许会排斥那种无助和依赖他人的感觉，但慢慢地会接受，并且觉得很有趣。而真正的乐趣是在你们交换角色之后。你被孩子牵着手满屋走，根本不知道要去哪里。该游戏和技能训练游戏一样，有一点是重要的，那就是：游戏进行前后，都要对互相之间的信任和依赖进行充分讨论。

后倒（5岁及以上）：站在孩子身后，指导他往后倒，然后扶住他腋下。孩子一般太小，没法在你往后倒时扶住你。但是，如果夫妻之间身材差别不大，那么完全可以当着孩子的面玩这个游戏。孩子非常喜欢看到父母之间互相信任，且能从中受益。

"秘密"游戏（7岁及以上）：该游戏非常有趣，能鼓励坦率，在感情上也富于挑战性。首先要求家庭每个成员在纸条上写下自己的一个秘密，然后叠起来，在外边写上自己的名字，并把它放入碗内。之后每人挑一个写有别人名字的纸条，在房间里绕一圈，说一件过去信任某人而向其透露秘密的事，再绕一圈，说一件透露秘密后被出卖的事。只要说出来，每次加一分，但也可以要求弃权。最后，每人问手中纸条的主人，是否宣读里面的内容，如果回答是"不"，便把纸条还给对方,如果回答"可以",就宣读纸条上的内容,纸条的主人便得一分。

尊重孩子的隐私

玛丽·安·马森·艾克曼认为,父母必须教育孩子尊重自己的隐私,同时父母也必须尊重孩子的隐私。她曾经这么写道:"父母和孩子之间最大的矛盾在于,孩子越来越渴望独立,办事越来越遮遮掩掩。而父母却越来越想保护、控制和指导他们。"因此,关于哪些是他们真正"需要知道的",哪些是"不必知道的",她建议父母列一张表。表中内容自然随孩子年龄增长而有所变动。你也可以在孩子8—9岁,双方关系紧张前,向他们推荐这张表,同时借机提出话题,讨论孩子隐私与父母保护、引导他们的责任的关系问题,每年年初或孩子生日前后,对表中内容进行修改。这样,父母和孩子之间就会越来越信任,越来越坦率真诚,孩子也就越来越没必要骗你。

孩子隐私内容表			
日期	年龄	父母需要知道的	个人隐私

续表

需要牢记的情商要点

要想培养有责任心、关心爱护他人、以正直诚实的品质面对生活挑战的孩子,下面两点需要记住:

- 从小就要教育他们诚实,并且做到始终如一地这样要求。孩子随着年龄增长,对诚实的理解会有所改变,但你的标准不应有任何改变。
- 孩子很小时,你就可以和他共同欣赏某些图书和电视节目,玩建立信任的游戏,了解孩子隐私需求的变化,并不失时机地与他们讨论诚实和伦理道德问题。

第五章
负面道德情感：羞愧和内疚

当艾姆布鲁斯·罗宾逊发现10岁的儿子大卫从一家小商店拿走一块巧克力时，便让孩子去向店员和顾客道歉。店员在接受了道歉后，想把巧克力送给大卫，但罗宾逊坚决不同意，"他不能拿，这不是他的"。说完便将大卫和他哥哥带回家，打了哥俩的屁股。打大卫是因为他偷了东西，而打哥哥则因为他没有阻止。

20年后，大卫·罗宾逊成了美国职业篮球联赛1995年最有价值的球员、古典钢琴家、电脑奇才及社区活动家。他回忆道："我永远也不会忘记被当成贼站在柜台外时的心情。父亲让我知道了自己不愿成为哪种人，他的做法给我留下了无法抹去的记忆。从那件事后，我再也不偷东西了。"

大卫·罗宾逊在为父亲的《如何培养最有用的人》一书写序时，提到了这个故事。大卫和父母都认为，在教孩子区分对与错时，严格远比纵容有效。上一代人中，大多数父母在发现孩子偷东西后，哪怕是件极无价值的东西，都会做出与罗宾逊先生类似的反应。但最近20年来，越来越多的人认为不应该惩罚孩子，除非他们犯了最不可饶恕的错误，正像布朗大学教授威廉·达蒙在《更高的期望：克服家庭和学校的纵容观念》中所写的："我们生活在这样一个时代，'孩子中心哲学'为形形色色溺爱孩子的现象提供了正当性，这一哲学又滋生出纵容心理，使父母在家无法对孩子进行前后一致的管教……而本来很有价值的'孩子中心哲学'却被用来（或者说误用来）鼓励今天儿童和青少年的自我中心思想。"

我们在本章中将会看到，对情商的进一步了解证明了达蒙的观点：我们在提供孩子不需要的保护方面走得太远了。简而言之，就是说对孩子太多的理解和同情，和对孩子不闻不问一样有害。

许多人认为，1945年出版的本杰明·斯波克的《婴幼儿保健常识》一书掀起了中产阶级过分娇纵孩子的高潮。斯波克的理论基础是流行于当时的西格蒙德·弗洛伊德和其他进步思想家如约翰·杜威、威廉·基尔帕特里克等人的思想。他们反对维多利亚时代父母严格管制，甚至压制孩子的教育方法，把许多精神问题都归因于父母冷淡孩子或压制孩子"正常"的性冲动和自信心。

斯波克的书在美国战后生育高峰的30年中，售出2400万册，从这一点就可以看出，他的观点是经过战争的父母所愿意听到的。他的书出版之前，严格管教利于孩子成长的观点仍很流行，负责指导母亲照料孩子的联邦机构儿童事务局还认为，不论孩子年龄大小、个人需要如何，都应该按时（精确到分钟）吃饭、洗澡、睡觉。

到20世纪六七十年代，按斯波克方法照料的孩子长成叛逆的年轻一代时，向更放任的生活方式的转变，强化了纵容型父母的优点。卡尔·罗杰斯和弗吉尼亚·艾克斯林等理想主义者领导的人类潜能运动，主张人人都有权按照自己的方式实现自己。基于对个人能力的尊重和信任，人们普遍认为，一旦放弃严格的限制和过高期望，孩子就可以自由表达自己的情感和需求，那么他们身上天生的善良品性就绝对会放出无限光芒。

现在回顾起来，当时对个人善良天性的相信实在幼稚。可悲的是，直到现在，人们仍然在按这种错误观点抚养孩子。著名心理学家马丁·塞利格曼数十年来一直专注于研究抑郁症对生活毁灭性的影响。他不同意孩子的自尊心能治愈诸如少年母亲、吸毒、团伙械斗等社会流行病的观点，认为这是一种放错了位置的盲目乐观主义。他还举出了两个例子：加利福尼亚立法机关成立自尊心团体，提高学校学生的自尊心；女演员雪莉·麦克雷恩呼吁美国总统成立自尊顾问团。

然而，根据我们现在对情商的了解，纵容型教育方式的提倡者们所犯的最大错误，是在不经意间把"好情感"视为人类灵魂的英雄，而把"坏情感"视为无恶不作的坏蛋。根据进化观点，人类每种情感的产生都是有原因的，因而避免孩子情感发育过程中产生负面情感，就好像从画家的调色板上拿走一种颜色。画家失去的将不是某一种颜色，而是可以用它调配的成千上万个色调。另外，羞愧和内疚之类的负面情感对情感学习和行为的作用，远比正面情感要大。

羞愧的价值

尽管羞愧和内疚等负面情感让美国人感到不舒服，尽管精神健康专家传统上一直认为它们阻碍了精神健康，但我们却无法否认它能指导孩子忠实于社会道德标准。羞愧是极端的尴尬，孩子在觉得自己没能满足其他人的期望时就会产生。而当他觉得没能满足自己内心的行为标准时，就会产生内疚感。

羞愧远比正面情感更能给孩子留下抹不掉的记忆。根据神经解剖学理论，羞愧产生的强烈情感造成大脑登记信息、贮存记忆的正常功能短路，它能绕过大脑的思维部分——大脑皮层，震动大脑的情感控制中心——扁桃核。因而，任何导致强烈情感的经历都能在短期影响孩子的行为，从长远来看，能影响孩子的性格发展。

如果你对此仍半信半疑，那么请做一个试验。把手表放在面前，回忆自己孩提时代最令你尴尬以至于产生羞愧的三件事，算出回忆所需时间。这三件事分别是：

当着朋友或同学的面，你有过丢丑的"事件"吗？父母说过或做过让你感到羞愧的事吗？其他孩子嘲笑过你的长相吗？为这三件事打分，由 1 分至 10 分，1 分表示程度很轻，10 分表示程度很重。再想出让你自豪的三件事，也打上分。如果你和大多数人一样，那么你就会发现，回忆正面经历所需时间是回忆负面经历的 3 到 5 倍，而其强烈程度却还不到负面情感的三分之一。

在许多文化中，羞愧是惩罚反社会行为的合适方式。尽管我们看不上那些实行公开羞辱的社会,但我们又不得不羡慕这些社会中的犯罪率低、社会不安定因素少。很明显,采用羞辱法抚养孩子之所以会让社会感觉不舒服,部分原因在于我们对之还很陌生。然而在日本等国家中,羞愧和耻辱融进了社会的传统价值和道德之中。坦白自己的错误,即使是最感羞耻的事情,这是悔改的最直接方式。

如今,面对极其残忍的犯罪,尤其是青少年犯罪的增加,有些人开始考虑把羞辱法当成一种惩罚措施,同时也用其来制止无受害者的犯罪。比如,休斯敦的地方法官、以判刑重而闻名的泰德·波依让一名破坏13所学校公物的学生,挨个到各校的学生

让孩子对自己有害于社会的行为感到羞愧,是一种改变其行为的合理方式。羞愧和内疚之类的负面情感可以用来有效地塑造孩子的道德行为。

大会上公开道歉，回答孩子们关于他为什么要这么做的提问，借以使他羞愧，从此改过自新。

有些地方，对那些频繁嫖娼的男子，罚其清扫红灯区的大街；对那些拒绝支付孩子抚养费的男人，则将其姓名、照片贴在邮局门口，甚至传到互联网上；对那些虐待配偶者，责令其在法庭上、在妇女团体面前公开向妻子承认错误，这些都是羞辱法的内容。

如何利用羞愧感

羞辱法应该被视作抚养孩子的正常方法吗？"负面"道德情感能被重新引入我们的社会，对付道德危机吗？这两个问题在如下两种情况下的答案是肯定的：

1. 当孩子做了应该感到羞耻的事情时，情感上没有反应，这时应该唤起他的羞愧感。
2. 给孩子留下深刻印象的其他管教方式失败后，羞辱法应该被当成改变孩子行为的合理方式。

威廉·达蒙在《儿童道德心理学》中举例说明了一个问题：如何使对自己所犯罪行毫无悔意的孩子产生情感上的共鸣。具体做法是，要求这些少年犯与同伴一起讨论自己的反社会行为，并接受对方的批评，以期激发他们的羞愧感，甚至是自我憎恨感。正如他所写的那样："这种办法让参加者产生情感和认知反应，因而对改变其行为很有效。"

堪培拉澳大利亚国立大学的社会学教授约翰·布莱斯韦先生也赞同用羞辱法来惩罚反社会行为。但他还提出一点：如果羞辱法不仅表明社会不承认某一行为，而且也包含原谅和重新接受的含义，那么它就是人道主义的。因为他强调羞辱法既不是为了表示愤怒，也非为报复，而是为引发犯罪者内心的后悔感，并使社会和家庭最终原谅他。

内疚感的价值

由于内疚是建立在自我内心标准和期望之上，而非由"被抓住"产生，因而比羞愧感更能对人产生强烈而深远的影响。大多数心理学家都认为内疚感有不可忽视的作用。唐纳·米勒和盖伊·斯旺逊研究了儿童看连环画时的反应，将神经性内疚和人际间内疚区分了开来，前者是由于莫名其妙或违背常理的原因而惩罚自己，后者由关心别人的想法而引起，能起到减少自我批评从而扩大孩子个人关系的作用。

许多研究证明，人际间内疚感（或许更准确地说是"良心"）在控制孩子行为方面的作用，远比外部威胁或恐惧要大。事实上，当我们激发孩子的内疚感时，他们内心对社会准则的理解更严格，把自己行为的后果考虑得更严重。

例如，7岁的布鲁斯在拼写测试中作弊被抓住，父母问他应该怎么惩罚。布鲁斯眼含泪花，说3个月不玩游戏机，1个月不看电视，并多干家务，直至学期结束。这些惩罚远比父母想象的要重，在咨询了专家以后，父母决定照他说的办。

罗格斯大学的唐纳·麦卡教授研究认为，即使儿童期已过，内疚感仍能有效地影响道德行为，其作用远比害怕惩罚要大。他对一所竞争性极强的私立大学的考试作弊行为进行了研究，78%的学生承认有过一次作弊。但在实行荣誉规范的学校，每个学生都发誓考试时不作弊，在没有监考老师的情况下，统计结果降为57%。

何时、如何恰如其分地使用"负面"情感

如果我们承认羞愧和内疚感是孩子情感生活中正常且有力的一部分，那么剩下的问题便是如何建设性地利用它们，来培养有道德、有爱心、诚实、正直的孩子，同时避免不必要的伤害。下面便是几条建议：

1. 规定要前后一贯，违反规定后的惩罚力度也要前后一致，确保惩罚公平、适度、有效。

2. 如果孩子已经超过10岁，破坏了重要规定，且毫不畏惧你的惩罚，那么便让他自己列出惩罚内容，然后由中间人（朋友、亲戚等）来决定采取何种惩罚措施。如果中间人同意，还可要求他来监督惩罚过程。一般情况下，这种办法能刺激孩子对自己产生较高期望，并努力实现这些期望。

3. 当孩子伤害了他人时，你的反应一定要比平常猛烈，比如：如果孩子没有按时交报告，失去了得到好成绩的机会，

结果只影响到他自己。而如果他比平时规定的时间晚回来两小时，害得你担惊受怕，那么情况就不一样了，惩罚就应该重一些。孩子的行为如果伤害了他人，那么在惩罚他的同时，不要害怕表达自己强烈的情感。如果这种情感让孩子不安，也不要很快安慰他。这次让他内疚，下次他就不会这么办事不加考虑了。

4. 重视道歉。书面道歉要结合口头道歉一起进行。如果孩子道歉不真心，不要轻易放弃，而是不断要求他道歉，直到他在情感上做出反应。

我曾经有个客户叫亚瑟，他的儿子凯文8岁。无论什么时候亚瑟要儿子办件事，孩子总是粗鲁地拒绝。比如，亚瑟说："你应该收拾房间，准备吃饭了。"凯文就会回答："为什么应该？我什么时候准备好，就什么时候吃饭。"

我建议亚瑟在凯文下次态度粗鲁时，罚他写一遍"我要尊敬父母"，并且重犯一次，多写一遍。凯文被罚写字条时，我要亚瑟果断地站在他身边，确保他每次都工工整整地写完。

亚瑟照我的建议去做了。整整10次，每次凯文被罚写字条时，情绪都比较大，但第10次，刚写了一半时，他哭起来，扑到父亲怀里。亚瑟没有安慰儿子，而是让他写完。这次以后，凯文的态度发生了戏剧性的变化。

过去30年中，精神健康专家和教育者们都不愿意承认羞愧和内疚之类的负面情感有助于培养健康的孩子。他们已经见过太多的情感伤害事件，有的甚至远比肉体伤害残忍，因而哪怕是建议父母考虑一下这种办法，都会让他们感觉不舒服。但根据情商的观点，适度的负面情感、经历对孩子是有益的。当然，孩子的情绪承受力如同认知能力与学习能力一样是因人而异的。培养孩子的首要原则是对孩子有利，使他们成长为快乐、成功和责任心强的人。

需要牢记的情商要点

- 羞愧和内疚感不是坏的情感，只要使用恰当，便有助于培养有道德的孩子。
- 如何恰当使用羞愧和内疚感，要根据孩子的性格而定，但它们的使用可以使你们全家重新成为一个整体。

EQ THINKING SKILLS

第三部分
情商思维技能

人类与其他动物不一样，能够通过思维来产生和控制情感，大脑中控制语言和逻辑思维的部分新大脑皮层的发展，使我们能够对情感进行思考，并且能改变这些情感。比如，当学生感到考前紧张时，会想办法镇静自己；当短跑运动员觉得浑身无力、精神不振时，会在起跑线后力图集中注意力，缩短反应时间。

早在一个世纪之前，精神疗法专家就懂得，心情不好会导致身体疾病，并一直在努力试图扭转这一过程。现在我们知道，大脑中的思维部分能够防止身体和精神两方面的问题。通过什么方法呢？不需专门的治疗训练，任何人都能轻易掌握。

下面的三章将讨论这些方法，它们都是从现代心理学最令人兴奋的成果中精选出来的。由于这些方法是建立在一个前提之下，那就是：思想和认识是改变情感的最简便的方式，因而作为一个整体，这些方法被称为认知疗法。

我介绍的许多方法和理论都是为治疗高危险的孩子设计的，而今，几乎每个孩子都可以归入这一类。社会进入工业化之前，父母只要求孩子识别哪种植物能吃、能给马钉掌、能种地就行。而今天的孩子需要掌握另一类生存技能。父母必须教会他们如何运用智力、情感和社会技能来对付日益复杂的个人、家庭和社会压力。

第六章
现实地思考

人类自我欺骗的能力几乎是无限的,因而我们对教孩子以现实为基础进行思考是怎么重视也不过分的。人类的情感大脑能够给自己穿上盔甲,以使其最强烈的欲望免受逻辑大脑的攻击。结果,我们便不断地做些本不该做的事。比如,明明知道吸烟有害健康,会缩短寿命,但仍有23%的人坚持吸烟,每天有近3000名儿童和青少年染上吸烟的毛病。我们也知道系上安全带能够在撞车时减少死亡的可能,但仍有三分之一的人嫌麻烦而不系。许许多多的明知故犯都是自我欺骗的行为。比如:进入一段自我毁灭式的关系、乘坐醉鬼驾驶的汽车、不量入为出地花钱等等。我们如此频繁地干那些不符合我们最佳利益的事,说明"进化"在发展我们大脑的所谓"逻辑部分"时转错了一个弯,幸运的是,这个弯是可以纠正的。我们可以通过培养,让孩子的行为既有利于自己,又有利于别人。

克服逃避现实的心理

玛丽安恨极了她的新学校,她愿意做任何事情,就是不愿意学习。晚上在电话里和男朋友大卫聊上四五个小时,当然要比学世界历史有意思得多。老师也知道玛丽安对学习缺乏兴趣，并据此给她评分。

玛丽安知道，如果父母看到她的成绩单，一定会非常失望，他们甚至会严厉惩罚她。怎么办呢？她想出了一个简单的办法：成绩单寄到家里邮箱后，把它藏起来。奇怪的是，这个办法居然看似有用。玛丽安的父母由于要照料在不同学校上学的3个孩子，工作又紧张，也就没有注意收不到玛丽安成绩单的事。

这样，到了期末前一个月的5月10日，校长给玛丽安父母打电话，问他们为什么对学校的信函置若罔闻。接下来的会面自然使玛丽安父母大为震惊。同时，这也是个信号，说明掩耳盗铃的办法在这个家里将不再奏效了。

我们经常有意无意地与孩子合谋，拒绝承认某些令人痛苦的事情，甚至是面对不可辩驳的事实时也会如此。比如，1996年8月，一个由美国政府赞助的研究机构发现，美国10.9%的青少年承认吸过毒，比1992年增加了105%。迷幻剂的月使用人数增加了183%，可卡因的月使用人数增加了166%，这一结果极其令人震惊。

有些专家把这些增加归咎于"纵容和放纵型"父母，他们自己在青少年时代就用过毒品，并且认为既然自己的生活比较成功，那么对孩子使用"消遣性"的毒品和酒精又何必大惊小怪呢？这种想法也就成了纵容孩子的理由。但是，他们却忽略了关于孩子吸毒的更令人不寒而栗的统计结果：就在青少年吸毒人数增加的同时，送往医院急救的12—17岁孩子中，吸食大麻的人数增加了96%，吸食海洛因的人数增加了58%！

我们都不可避免地受到逃避现实和合理化自己行为的影响。每天有数万人钻进汽车，不系安全带便驾车疯跑，更有难以数计的人点燃一支烟，叼在嘴上，却在心里安慰自己，一支烟不会危害健康。有些人更像鸵鸟，总是把头埋进沙子里。但是，如果想培养身心俱健的孩子，我们就必须学会面对现实。

帮助孩子直面现实

自我欺骗的对立面便是现实地思考，按照世界真实的样子认识它，并做出恰当的反应和决定。许多人忽略了这一点，因而没能教会孩子这方面的情商技能，甚至反而教得孩子不能面对现实。我们总想保护孩子不受残酷现实的影响，结果却强化了他们的逃避心理。

面对问题，正确的做法是：不管多么痛苦，都要帮助孩子正视现实。当我们向孩子解释事实、教他们处理问题时，他们就已明白一点：父母有能力面对和应付哪怕是最困难的处境。这等于无声地告诉他们：你也能做到。

比如，儿童精神病专家理查·加德纳的《孩子如何面对父母离婚》是关于儿童自我帮助问题的最佳图书，他这么写道："孩子们必须依靠自己来面对父母离婚的问题，不能一厢情愿地以为父母总会为他们着想。"最近的研究证明，他是完全正确的。

朱迪·瓦勒斯坦对60个家庭进行了长达20年的研究，这些家庭共有131名子女，父母均已离异。她发现，许多父母都在自我欺骗，认为离婚对孩子的影响只不过是暂时的，一两年后会自然而然地消失。然而他们彻底错了，离婚对孩子的影响是长久的，将导致他们成人后的精神创伤，即使在父母离婚之初，看不出孩子有什么严重问题。瓦勒斯坦称之为"休眠效应"。

根据瓦勒斯坦的研究，孩子的许多问题都产生于"负担过重综合征"。父母离婚时，一般无法区分自己和孩子的需要。他们就算已意识到与孩子关系疏远了，花费在孩子身上的时间仍然很少，对孩子管教不严，对他们的感觉也不敏感。瓦勒斯坦在进行研究的第10个年头，经过调查发现，25%的母亲和20%的父亲在离婚10年后没有在一起，对孩子的照顾也越来越少。15%家庭的孩子被诊断患有"负担过重综合征"，原因仅是父母不能完成自己的角色任务，甚或不能照顾好他们自己！这些孩子就有可能患上严重的精神问题。

理查·加德纳在书中告诉小读者，尽管大多数父母在离婚时，也非常爱自己的孩子，并想尽力不伤害孩子，却说了些或做了些对孩子不利的事情。这只不过说明父母们在这方面失败了。孩子仅须明白这一点，以便做出对自己更有利的决定。

比如，马丁内斯夫妇和学校顾问商量，如何用最好的方法把离婚的事情告诉6岁的女儿蒂娜。他们都很爱孩子，不想因说错话或做错事而伤害她。学校顾问推荐了几本书，并对夫妇俩保证，如果他们尽可能地为孩子着想，孩子是不会有事的。

然而，两个星期后，事情开始恶化了。夫妇俩在学校停车场大吵起来,马丁内斯先生把正哭着的蒂娜从妻子的汽车里拉了出来。之后他深夜给蒂娜的老师打电话,且在造访学校后威胁说不再送蒂娜回来。然而每次事情发生后,夫妇俩都去找学校顾问,都能表现出理智及对女儿的关心。顾问觉得最好还是和蒂娜谈谈,蒂娜很不情愿地来了,只说了一句"我想都不愿意想这个问题",便再也不吱声了。

加德纳还提到一种情况:有的父母令孩子迷惑不解,不知道他们究竟爱不爱自己。他认为,父母是想爱孩子的,但仅仅停留在嘴上,没有表现在行动上。他这么写道:

> 大多数父母都非常爱孩子。(但是)有些不怎么爱或根本不爱孩子的父母,也会把爱挂在嘴上,这让孩子感到迷惑。因此,不能根据言词来判定一个人是否真爱自己的孩子。
>
> 父亲(离婚后一般不住家里)一般都很爱孩子,希望能与孩子住在一起,对不得不离开他们感到非常遗憾,然而也有一些离开家的父亲不太爱或根本不爱孩子。
>
> 父亲不爱孩子,母亲也知道这一点,但却对孩子说,父亲很爱他们,因为母亲确实认为这么做对孩子有利。

加德纳认为,孩子们要观察现实生活中父母的所作所为,而不仅仅是他们的口头表态,就能弄清父母是否真爱他们。具体做法是:

- 看看父母是否真想和你在一起。有时父母不能与你在一起时，是有正当理由的，但他们应该让你知道，他们正在尽力而为。

- 当你遇到困难时，看看父母是否愿意丢下自己的事情帮助你；当你病了或受伤时，父母是否非常关心和同情你。
- 看看父母是否为你的每一次进步感到由衷的高兴。热爱孩子的父母会为孩子感到骄傲，并且向外人叙说孩子的成绩。
- 看看父母对你非常生气时，是如何表现的。父母难免在某些时间对孩子非常生气，但如果他们经常甚至动辄对你发脾气，那么他们也许不是按照你需要的方式爱你的。
- 看看父母是否喜欢拥抱你。随着你年龄的增长，你与父母接触的机会越来越少，但每个孩子都需要在某些时候被抱抱或亲亲，并且这也是父母的重要工作。

加德纳认为，孩子的判断有可能会错，但尽管如此，孩子必须学会现实地判断形势，并以对自己最有利的方式行事。如果父母总是遮遮掩掩，或干脆不诚实，那么孩子就不能学会这种能力。他警告父母：

- 不要掩盖自己的感情
- 不要掩盖自己的错误
- 不要害怕告诉孩子真相

培养孩子面对现实的勇气

很明显,要想培养孩子面对现实的勇气,你必须做到的最重要的一点,就是诚实可信。一味地庇护孩子,使他们免受生活中的不顺利和无法避免的痛苦,对他们是没有好处的。你如果这么做,实际上是害了他们。

但是只有你花时间与孩子交谈时,树立现实思考和诚实正直的模型才会有效。就像我在第二章中提到的那样,美国父母即使花时间和孩子交谈,其花费的时间也是越来越短,吃晚饭时要看电视,开车时要听广播,或让孩子们"有事可做"。1982年,木偶剧作者莎丽·刘易斯写出了《一分钟睡前故事》,紧接着又写了许多"一分钟"小书:《一分钟圣经故事》《一分钟恐惧故事》等。她认为,自己的这些小书颇能为终日忙碌的父母找到一种妙方。而它们的流行也从一个侧面证明了我的以上看法。

帮助父母快速处理某些事,并非是孩子真正需要的。培养情商和智商俱佳的孩子的一个关键因素,就是你的时间。如果考虑到讲故事对培养孩子的重要性,那么刘易斯女士的观点便尤其让人感到不安。数十年来,心理学家们一直认为讲或读故事对孩子的成长能起到正面作用,尤其在教育孩子如何现实地思考方面作用更大。孩子们能从故事中学到人们是如何现实地解决自己面临的问题的。

许多人没有意识到,故事对我们的行为能产生多么深的影响,它甚至能塑造我们的文化。《圣经》中的故事教会了我们宗教的基本原则，成为我们行为的准则。寓言故事形成我们的价值观，而自己民族、文化、家族历史的故事更能增进你对自己和他人的了解。

故事尤其影响孩子的思维和行为，因为孩子会不厌其烦地一遍又一遍地听与读。正是这一遍又一遍的重复，将孩子自己的想象力和你的参加所带来的无法比拟的魔力糅为一体，使故事成为影响孩子思维的最好方式。

心理学家小约瑟夫·斯特莱洪在《有能力的孩子》一书中，建议父母针对孩子的兴趣和现实生活中的问题编些有益的故事。故事中的主人公和孩子有共同特点，能现实地思考，按照自己的想法、感情，用自己的方式解决问题。主人公表现出了独特的心理技能，或许会受到外界的奖赏，或许不会，但他内在的积极性就是所能得到的最高奖赏。

有些父母是天生的讲故事能手，一旦掌握了讲故事的原则便能随时随地编出有益的故事。但对于大多数父母来说，他们要事先写出故事，然后读给孩子听。编故事时，应该吸收孩子喜欢的图书中的格式和语言。对较年幼的孩子来说，你还可以画些漫画，创作一些电脑动画，或拍些照片来为故事做插图，孩子们会很高兴地参与进来。

故事主题可以与孩子正面临的问题类似，但不能完全相同。如果你用孩子的名字和实际情形编故事，那么他会变得非常烦躁忧虑，尤其是当他正面临一个较严重的问题时，更是如此。他会显得烦躁不安，对故事失去兴趣甚至厌恶。这样，你们俩都会觉得沮丧。

相反，如果故事主人公只是与孩子相像，对孩子也就起到了隐喻作用。主人公可以是别的孩子，或是只动物、太空生物等，只要是孩子知道的就行。

故事里最好包括孩子习惯的东西。下面便是一些例子，都是针对孩子遇到的比较普遍的问题写出来的。这是写给6岁安妮的一则故事：

> 巴里的隔壁住着一只小狗，一天到晚总是叫个不停。巴里听说这只狗咬过几个孩子，有一次甚至想吃一个婴儿。于是，巴里找来一本专门写狗的书，了解狗的知识。有一天，他看到这只小狗正和主人散步呢，便勇敢地上前拍了拍小狗。从主人那儿，巴里明白了小狗为什么大叫，也明白了小狗不咬，更不会吃婴儿。巴里还知道了，当狗碰到骚扰时它会做出什么反应。

一场飓风严重毁坏了格尔的家，以至于他们不得不搬家，下面的故事给这位4岁男孩带来了一些安慰：

> 罗弗是一只小狗，居住在佛罗里达州南部，那儿时常会遭到台风侵袭。有一次，罗弗的小窝也被飓风吹跑了，它不得不住到避难所里。在这里，罗弗遇到了许多无家可归的小狗，它总是喜欢和其他小狗共同啃骨头，在操场上奔跑玩耍。几个星期后，罗弗的主人搬进了新家，罗弗也有了新狗舍。

罗弗真不愿意离开避难所的朋友们，但想到到了新家后能交上新朋友，便依依不舍地离开了。

斯特基尼刚刚9岁，她的父母经常吵得不可开交，正打算离婚，下面的故事就是专门为她写的。它说明故事应该编得微妙含蓄，离开孩子的切实经历，否则会引起孩子的更多忧虑。

戴安娜和父母住在偏远的乡村，那儿的人要么是粉红色的，要么是绿色的，他们之间经常发生战争。遗憾的是，她的妈妈是粉红色人，爸爸却是绿色人（她本人一半是粉红色人，一半是绿色人）。戴安娜无法改变自己和父母的颜色，也无法停止父母的战争。但是她找到了对付办法，那就是让父母分开。这样，他们再也不会有争斗了。

下面是写给娜塔莉娅的故事。她11岁，较胖，并因此常遭同伴的嘲笑。

海伦·凯勒、斯蒂夫·旺德和雷·查尔斯都要去纽约，他们在一个汽车站相遇了。三人聊了起来，讨论一旦自己瞎了或与别人不一样时会怎么样。他们还相互谈到了过去的不幸，并介绍自己是如何闯过难关的。他们谈得如此专心热烈以致错过了一班汽车。当下一班汽车靠站时，他们一齐高兴地登了上去。他们知道，自己已经把对方当成朋友了。

讲故事的办法主要用在3—10岁的孩子身上，这个年龄段的孩子喜欢听人讲或读故事。父母在编写和阅读故事时，应该创造

给孩子编写或阅读正面有益的故事，是让他们明白现实地思考的重要性的最简便有效的方式。

> 很久以前有一个小女孩，长得很像你……

出一个友好的环境。如何创造呢？斯特莱洪是这样建议的：

- 选择孩子不容易分散注意力的时间
- 选择孩子兴趣范围内的故事
- 充满戏剧色彩地、热情洋溢地朗读故事
- 阅读时频频与孩子进行目光接触
- 鼓励孩子打断你，进行评论或提问
- 享受这段时间，不要像完成任务一样
- 讲故事时，鼓励年幼的孩子靠近你

- 故事结尾时，要用赞赏的语气
- 让孩子设想故事的结局，帮助培养他们的推理能力

父母自己编的故事对孩子是最有效的。如果不喜欢自己去编，书店有许多类似读本，涉及恐惧、离婚、父母一方生病等等，找出适合自己孩子的就行。学校和图书馆也都有这方面的书籍，父母也可以去借。

需要牢记的情商要点

- 现实地思考是自我欺骗的对立面。
- 正面故事是培养孩子现实地思考能力的最好方式，不管是你自己编的，还是读现成的。
- 如果你能现实地思考自己的问题，那么你的孩子也绝对能学会这种本领。不要向孩子隐瞒真相，即使那是极端令人痛苦的事情。

第七章
乐观主义：抑郁症和成绩差的解毒药

莎珑今年才6岁，但却显得非常沉着老练。今天，她提前15分钟来拍模特照片。被介绍给摄影师时，对方还没有来得及说话，她就开口了，"你知道吗？上回我去迪士尼乐园，每匹马都骑了两遍。"

"很好。"摄影师一边对焦一边回答："现在你坐下，我们要调灯光了。"

"你知道吗？"莎珑一边摆好姿势，一边又说道："我4岁就开始当模特了。当时我姐姐浩莉就是模特，我看着她当，于是也想当。我妈妈说，'好吧，你能做好的'。所以我现在就当上模特了。而浩莉却不干了。"

"噢？"摄影师被这位活泼的小女孩吸引住了。"你喜欢当模特吗？"

"太喜欢了！"莎珑答道，小脸上因兴奋而闪着光。

"别动，你的表情太好了！"摄影师按下了快门。而莎珑还在喋喋不休，她说话时，能保持笑容不变。

"我太喜欢了！我要去纽约。妈妈带我去看过一次演出。我总是被介绍给许多人，他们给我拍照。我会成为一个真正的商业明星的。浩莉不喜欢当模特了，而我和妈妈总是不断地到处走。"

乐观不仅仅是积极的思考。它是一种积极思考的习惯,词典中的定义是这样的,乐观是"一种性格或倾向,使人能看到事情比较有利的一面,期待最有利的结果"。

有莎珑这样乐观的孩子生活在周围,是一件令人愉快的事。他们的热情和愉悦是能感染周围人的。根据《乐观儿童》的作者、心理学家马丁·塞利格曼所讲,乐观不仅是比较迷人的性格特征,它还能使人对生活中的许多困难产生心理免疫力。他做过1000多次的研究,研究人数达50万以上(包括成人和儿童),结果发现,乐观的人不易患抑郁症,在学校和工作中都更容易成功,而且令人吃惊的是,身体比悲观者更健康。他最重要的发现是,即使孩子天生不具备乐观品性,也可以在后天培养起来。

乐观与悲观的区别

要想让孩子变得乐观一点,首先你必须能区分乐观和悲观思想。根据塞利格曼的理论,两者之间最大区别就是对有利和不利事件原因的解释。

乐观主义者认为,有利的、令人快乐的事情总是永久的(也就是能不断发生的),而且是普遍的(即总是能在任何时间、任何场合发生)。他们能努力促使好事发生,而一旦不利的事件发生了,他们也能视为暂时的,不具普遍性的,对其发生原因也能采取乐观现实的态度。

安迪是个乐观的孩子。当他发现全家在三年中要第三次搬家时，表现出了可以理解的烦躁心情。他喜欢现在的学校、朋友，也喜欢现在的家，离社区游戏地只有两个街区。但在发了几次牢骚以后，他开始想象新家的优点。它离佛罗里达奥兰多只有一个小时的路程，那里有迪士尼乐园、未来世界游乐场和其他大型娱乐公园。

安迪知道，这次搬家只是由于父亲的工作，而不是因为谁做错了什么事。他们全家对搬家也很在行，他们会和老朋友保持联系，而且在搬进新家以后的一个星期内，要举行大型晚会，认识新朋友。他决定以这次搬家为题，写篇短文，题目就叫《搬家》。

悲观主义者考虑的恰恰相反：好事总是暂时的，坏事才是永远的；好事只是靠碰运气，偶然发生的，坏事才是必然的。在解释坏事发生原因时，也常常犯错误，或者每件事都责怪自己，或者全都诿过于他人。

悲观主义在性格上是"灾难性"的。在逆境中做最坏的打算是应该的，但在日常生活中就无须如此了。某个孩子因为没能加入篮球队或父母不让她穿耳洞，就大哭大闹，故意夸大事情的严重程度，并且在感情上对夸大了的事情而非实际情况做出同步反应。注意：如果你认同孩子的悲观想法，就会加重他的悲观情绪。

悲观的危害

塞利格曼认为,悲观不仅仅是负面的思考方式,还是对孩子健康的最大威胁之一,是"流行性的抑郁症"。他是经过多次研究才得出这一结论的,这些研究涉及 16000 多人。他解释说,今天的孩子与 20 世纪头 30 年的孩子相比,患抑郁症的危险要高出 10 倍。更可怕的是,患严重抑郁症的年龄提前了。他对 3000 名 9—14 岁的儿童做过调查,发现有 9% 的孩子已经发展到抑郁症的后期。

幸而有证据表明,悲观甚至抑郁症都是可以改变和治愈的,只要教会他们(包括儿童、青少年和成人)按照一种新方法思考就行。宾夕法尼亚大学的阿龙·贝克和同事们在这一方面创下了先例,他们成功地创造出系统的治疗方法,证明了通过逻辑思维来控制情感思维的设想是可行的。

贝克认为,悲观主义者习惯性地想象未来是没有希望的,他发现训练病人换种方法思考可以减轻悲观症状。

塞利格曼在宾夕法尼亚大学的预防工程中,和团队成员一起在贝克治疗方法的基础上,扩展出一个 12 周的抑郁症治疗方案。他们教会孩子们换种方式思考,按照新方法解决人与人之间的问题。治疗前,预防组和参照组中都有 24% 的孩子患有程度不同的抑郁症,治疗完成之后,预防组的病儿比例下降到 13%,而参照组的比例不变。

考虑到该工程的主要任务是"预防",它的真正效果要由时间来衡量。在随后两年的跟踪研究中，他们发现预防组的孩子患不同程度抑郁症的比例为24%，而参照组的比例上升到46%。也就是说，他们把患抑郁症孩子的数量降低了一半。

乐观的优势

不会受到抑郁症的侵袭只是乐观孩子的优势之一，他们还有一大优势：在学校里比悲观的同伴更易成功。

特雍卡·帕克1996年5月被选入《今日美国》的全优生队伍。她以平均3.86的学分从高中毕业，准备进入著名的斯坦福大学。她的组织和领导才能也颇得赞扬。

如果了解她的生活环境，那么你会对她在中学所取得的成绩更加钦佩。她母亲患有精神病，特雍卡是在不同亲戚家长大的，她穿梭于密西西比、圣迭戈和洛杉矶，三个哥哥中有两个在她读高中时，由于吸毒而坐牢。

使特雍卡区别于那些表现一般，甚至不走正道的孩子的最重要的一点是，争取成功的坚定决心和乐观精神。对她来说，不幸是成功的朋友，是对她意志的一种考验，正如她对一位记者所说的那样："如果我生在富裕人家，那么我就会悠闲地生活而不去努力奋斗。"在给斯坦福大学的申请信中，她写得再清楚不过："我要以不懈的努力、坚强意志和献身精神震惊世界。"

如何培养乐观的孩子

乐观性格是可以培养的，下面有几条建议：

1. 批评前仔细考虑一下说话方式

采用合适的方式批评孩子。塞利格曼认为批评孩子的方式有正确与错误之分。方法正确与否，对孩子日后养成乐观性格还是悲观性格有显著影响。

批评孩子的第一要点就是恰如其分。"过度批评会给孩子造成过度的内疚和羞辱感，超过了使孩子改错的度。而不批评孩子又会使孩子丧失责任感，磨灭其改正错误的愿望。"

其次，掌握乐观的解释性方法，实事求是地解释问题，指出犯错误的具体原因，使孩子明白自己所犯错误是可以改变的。

以8岁的苏西为例。尽管父母三次要求她与朋友出去野餐前，把自己的房间打扫干净，但她还是把父母的话当成了耳边风，房间里乱得一团糟。那天早晨正好有位地产代理商要来看房子，尽管父母很生气，但还是匆忙替苏西打扫了房间。

下午，苏西回家后，母亲满脸怒气，立即把她带到卧室，告诉她自己为什么生气。下面是苏西的母亲有可能采取的两种方式，一种是乐观的解释性的，另一种则是悲观的方式。

乐观方式：

"你给我们造成了很大不便，我们非常生气。"（她的批评是特定的，并且很准确地表达了自己的感受。）"我们跟你说过三次，去打扫自己的房间。但每次你都拖拖拉拉,就是不动。"(她母亲准确地描述了事情,并且把苏西的问题说成是暂时性的。)

"今天有位地产代理商要来,你不打扫自己的房间,我们就得替你打扫,结果耽误了其他重要的事。保持房间整洁,是你的责任,而不是我们的。"(她母亲只是描述了所发生的事情、问题的原因和结果,她的责备是正确的。)

"我要你留在自己房间里15分钟,好好想想我说的对不对。然后告诉我,今后会如何保持房间整洁,保证这类事不再发生。至少要写出3条解决办法。"(15分钟是8岁孩子考虑问题时比较实际的时间段,苏西的母亲给她找了一件很实际的任务,用这种方式来结束谈话。)

悲观方式:

"你为什么总是这么不体谅人?你的行为把我气疯了!"("总是"一词意味着问题很普遍,而且永远不会改变。母亲的情感反应太过了,会给孩子造成太多的内疚感。)

"我跟你说过无数次,要保持房间干净,但你就是从来不听!你是怎么啦?"(苏西的母亲把问题说成是普遍性的"无数次"、永久性的"你从来不听",借此让孩子产生内疚。她还进一步暗指孩子性格中就有某些缺陷。)

"今天早晨地产商来了,几乎是场灾难!人们常说进屋的第一印象极其重要。你有可能使我们失去一位难得的代理商,会使房价降低几千美元。这意味着我们买不起新房子了!"(苏西的母亲把事情描述成一场灾难,她暗指苏西的一次疏忽会毁掉全家人的生活。）

"现在，我要你待在房间里，好好想想你所干的一切。"（这一惩罚是不确定的，没有针对性。苏西有时间来思考，产生内疚，但没有机会学会或做些什么事，来弥补自己的过失。）

2. 自己要充当表率

孩子会模仿你的行为，把你的优缺点一并吸收。如果你是个悲观主义者，那么你的孩子也会那样思考问题。如果你希望他们养成乐观品性，那么你必须首先改变自己的思维方式。

改变思维方式并不容易，但只要明白一点，那就是：悲观只

批评或指责孩子时，你的方法会影响到孩子是否能乐观地看待这个世界。

是一种习惯,把它当成习惯对待就行。下面介绍的这张表可以帮助你把想法从消极的变成积极的、更切实际的。中间一栏有助于你了解自己所犯的是什么类型的错误(比如,特殊与普遍、责任分配、灾难化),你也可以用该表帮助10岁以上的孩子现实地思考、乐观地衡量问题。

消极思想向积极思想转变		
你的问题:		
消极的陈述	错误类型	积极的陈述

3. 乒乓游戏（8岁及以上）

该游戏是专门设计出来的，以使孩子们思想中的乐观成分和悲观成分做斗争。形式像打乒乓球，我们姑且叫它乒乓游戏。它可以帮助你和孩子对不自觉的负面语言更加警觉，从而与之做斗争。参加者有一个共同目标，大家需要精诚合作，人人都有输赢的可能。

如果要把该游戏形象化，那么想想你见过的这种卡通形象：天使和魔鬼分别坐在某个角色的两侧，按自己的意愿指挥该角色做事，而角色最终的选择，对和错的可能各占一半。

玩该游戏需要三人并排坐在一张长凳上，或分别坐在三张并列的椅子上。需要两张卡片，一张写"+"号，另一张写"-"号。

游戏开始时，最年轻的人坐在中间，年龄稍大一点的持"-"号卡片坐在一边，年龄最大者持"+"号卡片坐在另一边。

坐中间者说出自己正面临的问题，然后持"-"号卡片者说些悲观或消极的意见，由持"+"号卡片者反驳。请记住，反驳可以是非积极性的，但必须合乎实际，或"可证实"。比如"只要用心，你什么都能做到"之类的评价太空洞，缺乏真实性，对什么事都精通的人是不存在的。而"大胆试一试吧"之类的话更像啦啦队语言。乐观不是啦啦队，而是积极、实际地认识问题。

下面以"我的理科成绩很差"的问题为例子，来模拟一下游戏的实际操作过程。

积极评价：

如果再努力一点，或者多做些课外作业，你的成绩就会提高。

消极评价：

理科就是很让人厌烦，而且，教科书也太难。

积极评价：

你可以找趣味性强一点的教材，或者看看是否有什么计算机游戏能将课程解释得清楚一些，你也可以去找理科老师帮忙。

消极评价：

面对现实吧。不管如何努力，你的成绩都不会有任何提高。你已经考砸过三次了。

积极评价：

倘若这次你理科没考好，而阅读课考好了，就可以平衡一下。只要多读两本书，阅读课就能得"A"。

坐在中间提出问题的人充当"裁判"，在成绩单上写下所有消极和积极的评判，然后圈出符合实际的积极评价。每一轮时间为5分钟，然后持卡片者交换角色。坐在中间者提出一个新问题，新一轮开始。整个游戏时间以20分钟左右为宜。如果在这一时间段里，共提出了30个切合实际的积极建议，那么这一组便赢了。

需要牢记的情商要点

由于诸方面的原因，如今的儿童比以前任何一代都更容易悲观。这使得如今的孩子更加经受不起诸如抑郁症、学习成绩差、朋友少甚至身体疾病的打击。因此你和孩子记住以下几点，对双方都很有帮助：

• 培养孩子养成乐观向上的性格，能更有效地对付抑郁症等身心疾病。

• 只有通过现实地思考、经历过与自己年龄相适应的挑战后才能养成乐观性格。

• 与孩子相处时，家长必须乐观一点。孩子最容易通过观察父母的言行来学习。

第八章
通过修正思维方式改变行为

美国的许多大学和研究中心的科学家们发现,改变人的思维方式可以改变大脑的化学成分。这一突破性的发现被称为"认知行为修正"理论,主要是根据行为心理学的基本原则,重点研究人类行为和思维联系纽带的改变。

科学家们研究的许多问题中,有一个最令人费解,那就是危害最大的精神疾病之一——强迫症。不管是儿童、青少年还是成年人,只要得上这种病,行为和思维都会失去理性,使自己和他人陷于极度精神狂乱之中。

> 巴里今年刚刚7岁,就患上了强迫症。每次走在大街上,只要看到停在路边的汽车,就要趴在车窗玻璃上,看看里面的灯是否关了。他的父亲对治疗专家说,从他们家到操场只有3个街区,而巴里却要走两个小时。如果不让他看,他就会大发脾气。巴里有时也会在厨房里一坐好几个小时,目不转睛地盯着钟摆来回摆动。还会不由自主地盯着电视节目《幸福之轮》中旋转的轮子。穿衣服也要同时穿上一件红的、一件蓝的,否则绝不出门。

有些患强迫症的孩子和成人有洁癖。他们不用公共厕所,不碰门把，一天冲十几次澡。我认识的一位女孩，老是不断洗手，以致把手都洗烂了。很明显，这些过分的行为和着了魔似的思想使患者和家人的生活陷入了混乱之中。许多病例中，患病的孩子往往数月不离开屋子。

行为修正法可以改变大脑的化学成分

最近的研究表明，强迫症患者大脑的化学成分呈现出特别之处。精神病学家杰弗里·施瓦茨和卢·巴克斯特给强迫症患者和非病志愿者注射葡萄糖类物质，然后用大脑扫描技术记录下被试验者的脑电图。结果发现，强迫症患者的大脑皮层中位于额下的眼眶部分消耗更多能量。

某些药物能改变神经细胞传递信息和能量的方式，从而减轻强迫症症状，这是不足为奇的。但是施瓦茨教授在《大脑锁》一书中宣称，认知行为修正也和药物一样，使大脑中发生同样的化学变化，从而达到药物的治疗效果。类似的研究还发现在治疗抑郁症、恐惧症、焦虑症及某些身心疾病时，改变人们的思维方式和药物同样有效，这一发现初听起来让人吃惊。

某些认知行为修正法已被用于治疗许多身心疾病，我们在本章中将要了解它们。你会发现，这些方法能有效地对付孩子遇到的某些问题，如害怕去看牙医和大夫等。更重要的是，它们对孩子的未来很有帮助。比如，意象技能在一个女孩子注射破伤风疫苗时能减轻她的恐惧感，20年后，当她待产时，则更加有用。有的认知技能现在能帮助孩子通过拼写测验及学习能力测验,日后在工作中更能帮助他不被压力打垮。

这些方法对那些正面临问题的孩子尤其有用。杜克大学儿童和青少年焦虑症工程主任约翰·马什就要求孩子们在自己头脑中建立由各种技能组成的"工具箱",这样就会永远有备无患。本书讨论的任何一个技能都可以放入孩子的工具箱中,但有一点请记住:从现在开始,我们只讨论那些被证明能有效对付孩子遇到的各种各样问题的认知和思维技能。

把一个问题定义为"敌人"

许多认知精神治疗法的第一步,都是要孩子把自己和自己所面对的问题区分开来。孩子必须把自己面临的问题看成是外部的东西。约翰·马什要孩子把问题看成敌人,给它取个名字,然后与它做斗争。这样就容易激起孩子的斗志。

比如,乔希5岁时害怕许多东西,像电梯、自动扶梯、桥、隧道、黑暗、比较高的声音等等。他的治疗师指出:"这些恐惧感使乔希生活太不方便了。事实上,他时时刻刻都要遭到它们的袭击。"

他这样对乔希说:"你必须把这些恐惧感视作敌人,它们正从四面八方向你袭来。你只要出去,每个门后都藏着一个坏蛋,你必须非常小心,眼观六路,耳听八方,勇敢地与它们作战!电梯或自动扶梯本身不是你的敌人,对它们的恐惧才是你真正的敌人。"

"现在,我们来给你的敌人起名。这个敌人太坏了,他居然对你这样的好孩子下手,我一想起这个坏蛋就气得要命,我恨透了这个敌人,你也恨透了他吧,他使你这么不愉快,我们该叫他什么呢?"

乔希的眼睛瞪得溜圆,见一向温文尔雅的治疗师摩拳擦掌,似乎随时准备着与敌人战斗似的。"我还不知道该叫他什么",想了一会儿,他问道:"叫他兽人怎么样?"

"很好!"治疗师回答,然后又问道:"你听到这个名字时是什么感觉?"

"我不知道,这只不过是一个名字。"乔希轻声说道。

"我们不是只要一个名字,我们要的是非常可恶的名字,一个能让你发疯,使你发狂,让你成为斗士的名字!"治疗师越说越激昂,越说越坚决。"想想看,哪个名字让你热血沸腾?让你怒火中烧?告诉我。"

"罗伯特!"乔希不由自主地喊了出来。"我要称敌人为罗伯特!我恨罗伯特,他是个又高又胖的霸道鬼,他总是找碴儿欺负我,称我是婴儿,坐在我身上,揪我的头发,我恨他!"

"很好,罗伯特。"看着乔希被激起战斗激情,治疗师很满意。"很好,罗伯特,听起来把这个名字给你的敌人很合适。罗伯特,你这个恐惧鬼敌人,小心点儿吧,我们要来抓你喽。"这时,乔希的恐惧感也就消失了。

重新设计问题,并通过写作来摆脱它们

心理学家称乔希的心理经历为"重新设计过程"。让孩子们把自己的问题想象成外界的,就能从新的角度看待和思考。另外,视问题为敌人也能刺激孩子采取新的对付办法。他会意识到(也许是第一次),自己并不是坏孩子,问题在于要控制自己不好的行为。

根据新西兰心理学家迈克·怀特和大卫·埃帕斯顿的观点,下一步要做的就是教会孩子把问题写出来。他们设计出一套认知方法叫"描述治疗法",即让孩子们通过不断的写作来增加自己与问题的距离感。孩子们会渐渐明白,自己实际上是在努力写自己的故事。比如,乔希很害怕,那么这一阴影就会透进他所写的字里行间。怀特和埃帕斯顿认为,正因为如此,孩子才能通过写作来摆脱问题。通过写作,孩子能彻底改变自己的态度和行为。

他们以14岁的丹尼尔为例来证明自己的观点。丹尼尔诚实、容易相处,但忍受着气喘病的折磨,随时有生命危险。他对此抱消极态度,治疗师要求他把气喘病看成是一个"阴谋家",随时寻找机会想加害于自己。丹尼尔通过不断地与治疗师通信、定期见面,渐渐明白,什么原因会导致气喘病发作,如何预防,如何随时警惕阴谋家对自己不利等。治疗之前,对付气喘病的责任由父母承担了99%,而丹尼尔自己只操1%的心。治疗的目的,就是让丹尼尔自己承担100%的责任。

认知疗法的实质就是让孩子(成年人也如此)用一种新的思

维方式思考自己所面对的问题，直到慢慢相信这种新思维，继而形成不同的情感和行为方式。

下面的作战计划可以让孩子通过写作使自己的情感问题和矛盾外部化，进而得到治愈。它适用于任何一个孩子应该能适当自己控制的问题，比如，恐惧、焦虑、不良习惯、学习中遇到的问题等等。当然，如果孩子的问题比较严重，且是长期的，那么就应该请专业治疗人员来帮忙。

与使你（或他人）痛苦的问题作战计划表

1. 给敌人（问题）起名：

2. 你要进行什么形式的战斗？将采取什么策略？

3. 偷袭（采用新的秘密方式向问题进攻。关键是要攻其不备）：

4. 竭尽全力地进攻（尽可能地列出你所能想到的进攻方式）：

5. 游击战（什么方式都可以！）：

6. 战斗的场地：

7. 战斗的最佳时间：

8. 你的盟友（你所信任的能帮助你战胜问题的人及他们的办法）：

_____

_____

_____

9. 休整的时间和地点：

_____

_____

_____

10. 敌人很狡猾，会破坏你的计划。你认为他会采取什么办法？

_____

_____

_____

11. 和平条约的内容是什么？什么是你能接受和不能接受的？

_____

_____

_____

12. 怎样知道自己已经赢得了战斗？

_____

_____

_____

13. 战斗结束后，生活有什么改进吗？

_____

_____

_____

教孩子掌握自我对话的技巧

和地球上其他物种不同，人类能自言自语，有自我对话的能力。研究者们对人类思维影响情感和行为的方式进行了研究，发现孩子利用自我对话的能力因人而异，相差极大。或许正是这些不同决定了精神作用的不同。

儿童发育学家劳伦斯·科尔伯格认为，孩子自我对话的发育过程经历五个阶段。第一阶段，自言自语地重复某个单词或韵律；第二阶段是语言外向阶段，2—3岁的孩子经常独自不厌其烦地重复或评述自己的某个动作或行为，就像有他人在场一样；第三阶段，到了5—7岁，大多数孩子都能自我指导说话，可以听到他们问自己问题，并通过行动方案指导自己；第四阶段，这种自我指导说话开始变成内在的想法，经常可以看到他们低声咕哝或只见嘴动却听不到声音，那是他们在无声地说自己的思想。到第五阶段，孩子的自我对话完全无声了，尽管研究证明，他们在思考时舌头仍会动。

科尔伯格的发育阶段论适用于大多数孩子，但精神治疗专家发现有的孩子并不运用内在思想对付所遇到的问题。他们有的冲动鲁莽，行动前不经思考，有的虽然行动前经过思考，但没有明确的目标，自相矛盾甚至自我泄气。所以让孩子学会用自我对话的方法来面对困难，无论是近期还是在遥远的将来，都会产生许多正面影响。

许多治疗专家很推崇这一方法，认为孩子借此可以学会许多新的行为方式，学会处理棘手问题，减少焦虑感。道格拉斯·布洛赫在《孩子的积极自我对话法》一书中，建议父母帮助孩子写一些"自我对话"，让孩子了解自己的优点，正视缺点，对毒品等诱惑坚决说"不"，控制自己的愤怒情绪，以应付各种的困难处境。比如，下面就是为伊沙克写的一段"自我对话"，他正受到一个小恶霸的欺侮：

> 恶霸喜欢吓唬别人，实际上他们自己早已被吓坏了。我能对付蒂姆（那个恶霸）。我只要用坚定的语气让他走开就行，我要让蒂姆知道，他如果欺负我，就要承担一切后果。我知道在需要时如何得到帮助。

该方法的精髓是让孩子不断重复这些话，直到他对之坚信不疑为止。

尽管枯燥的背诵只是心理学上简单至极的战术，但毫无疑问它是有用的。比如演员上台前因为害怕总要自言自语，要分娩的妇女会自我"排练"分娩过程，旅客因担心飞机失事总会不断重复安全飞行的统计数字，这些都是在自我鼓气，排除紧张感。

大脑生理机能的透视图可以帮助我们理解这一现象。重复思维可以调动起新大脑皮层的活动，进而抑制大脑的情感部分释放荷尔蒙及其他化学物质。这些物质能向身体发出信号，使之对眼前情况做出反应，标志就是心率增加、胃部不适欲吐等。孩子能通过一段时间的训练，掌握这种重复思维方法，在面对某一特定问题，比方说担心考试时，就会触发自我对话反应（正常的适应反应），而不是身体反应（不适反应）。如果这样，孩子就能平静地参加考试，而不会被弄得心烦意乱。

使孩子积极的自我对话更自觉化

也许你仍记得高中或大学心理学课程中的一个内容：如果强化的力度足够大，而且新的行为被不断重复，你就能把许多不同的行为和不同的刺激配对。这就是巴甫洛夫训练狗听到铃声就流口水的原理。不幸的是，人们在要求孩子记住某件事时，往往没有提供足够的强度或重复得不够。

克里斯学习成绩极差，体重过重，与继父相处得也不好，讨厌似乎完美无瑕的弟弟，而最大的麻烦是，同学们肆无忌惮地欺侮他。克里斯几乎每天都是哭着回家的，这更让欺侮他的人有理由嘲弄他。

克里斯来找我治疗了。我与他见了几次，总是谈他的优点，力图帮他建立起自信。尽管他拼写成绩很差，但数学却很好，尽管篮球和垒球玩得不好，但游泳极棒。我们一起列出了他擅长的 10 件事，要他把这些事牢牢记住。我告诉他我们将要实际模仿他被嘲笑的情景，如果那时他能记住自己的这些优点，那么他忍受别人嘲弄的耐力就会大大增强。

再次见面时，我问克里斯是否记住了上次列出的 10 件事。不出我的预料，他毫不迟疑地告诉我，刚出办公室就把单子弄丢了。"好吧，我们再试一次。"我又给了他一份复印件。

下次见面，又重复了前次的情况，不同的是，克里斯找到了一个比较好的借口来解释自己为什么没有记住单子上的内容。但是，结果是一样的。我清楚自己也被卷入克里斯失败的恶性循环之中了。我低估了他抵制改变，哪怕是往好的方向改变的本能力量，而这一点正是大家在帮助他人时很容易犯的错误。

但在两件事上，我是很幸运的，我有台复印机，克里斯的母亲有很强的幽默感。我起身离开了一会儿，把单子放进复印机复印。见面结束时，我交给克里斯和他母亲一摞共 300 份单子。下次再见面时，克里斯的母亲告诉我 300 份单子全被她糊在墙上了。事实上，不光是墙上，就连天花板、浴室的镜子上，只要克里斯能看到的地方都贴满了。结果当然不言而喻，克里斯记住了自己的优点，这样我们就可以进行实际模仿了。

克里斯的故事证明了一点：对许多孩子来说，记住自己的优点是件很难的事。如果再遇上本能的抵触情绪，那就更难了。尽管如此，总会想出办法来的。其中最简便有效的方法，就是使用计算机，它会使重复思维变得容易又有趣。

意象技能的奥妙

德瓦尼今年8岁，患有镰状细胞贫血症。他总是拒绝频繁去医院做血液检查，而且一想到换血就全身抖个不停，所以被送到我这里治疗。我告诉他，我会教他用自己的大脑使胳膊变麻木，连针头插进去都感觉不到。"这是好几个世纪以来数不清的人，从魔术师到医生，再到大英雄都想做的一件事。"

"大脑就像一个巨大的电脑控制中心一样，"我对他解释道，"当我们想走动或说话时，大脑便把信息传递到腿和嘴巴，并指挥这些地方的肌肉做出反应。比如，我们锻炼时，大脑会让心脏更快地输送血液，吃完饭后，大脑会指挥胃消化食物。"

然后，我问德瓦尼："你的手和脚有没有睡着过，以致让你觉得它们不再是你身体的一部分？"

"当然，"德瓦尼回答，"发生过很多次。"

"那么，如果我教你在自己的想象中放电影，让大脑安排身体的某些部位在你的控制下睡觉，你觉得如何？如果说，每次需要打针或输血时，你都可以让自己的胳膊变麻木，从而感觉不到针尖，你觉得怎样？"

我让德瓦尼把胳膊举起来，闭上双眼，慢慢数到100，他数数的同时，我在一旁教他如何放松、深呼吸，让他想象自己在一个寒冷的冬日坐在温暖的壁炉前烤火，一块毛毯披在肩上（德瓦尼来之前，我就把空调温度提高了一点，以便为他的想象创造一点条件）。

"现在，我要你想象自己走出了大门，从地上抓起洁白的雪，捏成一个小球。小球很凉，是吧？现在把雪球放在胳膊上护士扎针的地方，你能感到胳膊已经麻木了吗？什么也感觉不到吧？现在，捏护士扎针的地方，能感觉到什么吗？"我柔声问道。

"只有一点儿，"德瓦尼迟疑地说道，"我只能感觉到一点儿。"

"很好。你可以随时随地这么做。你能让胳膊变麻木了，所以就不必害怕打针或换血了，是吧？"

"是的，"德瓦尼回答，又使劲捏了一下胳膊，"还真什么也感觉不到了！"

任何人都做过这种梦，在梦中拼命挣脱怪物的控制，醒来时一身冷汗，被子也被踢到了床下。人类大脑的意象能力真是太强大了。在某些情况下，想得几乎与现实毫无二致。有时人即使处于清醒状态，也能想象某些惊人场面，心率随之加快。如果想象把手伸进一个热水池，那么皮肤温度就会上升，血流量就会增加。

孩子到了3—4岁时，就能在大脑中进行想象，有时甚至像放电影似的。儿童时代的想象力尤其丰富，到青少年时代，这种能力便明显衰退了。

意象技能可以用来有效地减轻精神和肉体痛苦。通过分散大脑思维部分的注意力,意象能直接削弱病痛唤起的神经冲动。我们进行意象时,高度集中的注意力是导致痛感麻木的主要因素。帕特里西亚·麦格拉斯在《儿童的疼痛》中认为,这种分散注意力的方法不仅使孩子忽略了眼前的疼痛,而且真能减轻痛感,产生天然止痛剂。

你可以把这种精神意象法教给孩子,用以对付各种情况。如果他摔倒,碰伤了膝盖,便可以想象正有一袋冰放在伤口上。如果他受不了拔牙的疼痛,那么可以让其闭上眼睛,放松身体,想象自己正坐在一张魔毯上,飘向远处。如果他害怕在全班同学面

意象法不是只分散了孩子的注意力,它能触发大脑中的疼痛压抑系统,产生天然止痛剂。

前朗读诗歌，那么可以想象空气中满是神奇的、看不见的"力量之星"，她吞下一颗，便充满自信，这样便可以放松。

毫无疑问，意象训练在控制比较严重的慢性病方面，比药物还有用。比如，儿科教授卡伦·奥尔尼斯专门对意象法治疗偏头痛的效果进行了研究，得出结论："虽然得病原因不明，但意象法治疗比传统药物治疗要有效得多。学会自我调节、自我放松技巧的孩子，远比吃药的孩子更能对付疼痛，也比服用安慰剂、根本没有接受药物治疗的孩子更能对付疼痛。"

意象法为什么能有效呢？奥妙在于它给孩子们提供了控制疼痛的工具。无数研究表明，当人们认为自己能控制病情时，病症本身就不会太令他们烦恼了。许多年以前，当我还在读大学时，曾给心理学家大卫·格拉斯当助手。他在研究噪音的危害。我们发现，只要给受试者一个控制钮，让他们觉得自己能关掉噪声，那么他们在日常工作中的表现就要好得多，与那些没有手握控制钮的受试者相比，他们也不认为噪音太让人烦躁不安。在另一次试验中，癌症病人分成两组，一组可以自己注射吗啡，另一组由医生注射，即使第一组使用的麻醉剂量比第二组少，也都自称能更好地控制疼痛。

选择合适的意象法

当指导孩子采用意象法来对付病痛或紧张时，应该根据孩子的年龄和病症选择合适的方法。下面几种便是针对不同孩子、不

同病症设计的:

- 怕狗:让孩子想象他正面对一只狂吠的狗,而超人站在他身边。在超人的注视和指导下,他一点点靠近狗,直到狗不再狂吠,变得友好起来,而孩子也不再害怕。
- 头疼:让孩子想象头疼病是一只被敲得嘭嘭响的大鼓,用一块"魔毯"一点点裹住大鼓,直到听不到鼓声为止。
- 气喘病:让孩子想象支气管是只扁气球,一个充气魔泵正给气球充气,支气管膨胀后,呼吸就顺畅了。
- 因家庭作业难而产生的焦虑和沮丧心情:让孩子想象铅笔具有魔力,但笔尖不能离开作业本,否则魔力就会消失。铅笔和孩子聊天,鼓励孩子继续努力,最终攻克难题。

教会孩子运用意象法

如果你能教会孩子用意象法对付身心病痛,他们便会受益终生,少受许多不必要的折磨。

教孩子时,首先要告诉他们,你要做什么,为什么这么做。要让孩子们(哪怕是幼小的孩子)明白,此方法是可以放入他们的"工具箱"中的一把工具,就像饭菜和锻炼一样,是健康生活的一部分。

我发现,给孩子们讲世界著名运动员的故事,讲他们如何运用意象法取得别人无法想象的成绩,对孩子很有用。一位奥林匹克划艇运动员在比赛开始前,先想象一条布满礁石、浪花飞溅的大河，自己左右躲闪，十分娴熟地划行其上。真正比赛中，她果然赢得了冠军。一位击球员在正式比赛开始前，每天数次在想象中击球，比赛中击球命中率提高了20%。

生活中发生的类似故事数不胜数，很容易激起孩子对意象法的兴趣和热情。根据科罗拉多斯普林斯的美国奥林匹克训练中心统计，超过90%的运动员运用意象法来提高运动水平。美国奥林匹克委员会的体育心理学家、《成就区域》的作者沙尼·墨菲先生做过一次试验。他让一群大学生连续7天打高尔夫球。击球之前要求其中三分之一的学生想象击球入洞，另三分之一的学生想象球未入洞，最后三分之一的人什么都不想。试验结束时，做积极想象的一组击中率提高30%，什么都不想的一组击中率只提高10%，而做消极想象的一组在一个星期的练习后，准确率竟然下降了21%。

在教授孩子意象法这一情商技能之前，你本人也应该有几分钟的想象时间。舒适地坐下，闭上眼睛，深呼吸，想象自己正独自悠闲地躺在一个沙滩上，是那么舒适悠闲，你的每一个细胞都能感觉到这份快乐，就像真正置身其中一样。你能感觉到暖人的沙滩，能闻到海水的咸味。听着海浪哗哗拍打着沙滩，看着海鸥在你头顶翱翔，吃着最喜欢吃的香草冰激凌，让那份凉意在嘴里慢慢溶化，沁人心脾。啊，多么惬意！

最有力的想象能触发感觉记忆，创造一种催眠疗法，即专家所称的"清醒的梦境"效应。你可以给自己的想象打分，从1分到10分，10分代表"就像真正置身于沙滩的感觉"。

1分代表"模糊的不完整的沙滩图画",如果你能得到7分以上,那么你就真正享受了5分钟的休假。

让孩子坐在一把舒适的椅子上,不让别人打扰到,让他慢慢做深呼吸,放松肌肉,使身体不再处于紧张状态。

详细描述你希望孩子想象的图景,你不应该只是被动地"描绘单一场景",而应该用自己的各种感官去创造一个尽可能真实的场景。你在一旁缓缓地、柔声地描述场景中的每一个细节,就像讲述一个引人入胜的故事一样。请记住孩子正按你的描述,在其头脑中创作一幅图景,所以,你要给他充足的时间来完成。

如果你能在图景中用上孩子喜欢的某件东西,那么意义就更大。下面是指导迈克做的想象。迈克7岁,晚上经常做噩梦。想象可以帮他入睡,并在他从噩梦中惊醒时安慰他。迈克最喜欢做的一件事便是和父亲一起在湖边钓鱼。

> 你正走在森林中,慢慢走向森林深处,感觉越来越轻快。凉风习习,你能闻到松树的幽香,听到小树枝被你踩断时发出的咯吱声。不一会儿,你到达了目的地——林中小湖。爸爸正坐在岸边椅子上,欣赏湖水轻拍堤岸。太阳慢慢落山,天渐渐暗下来,湖边很安静,你几乎能听到鱼儿在水里游动的声音。你是那么满足,那么放松,一会儿便进入梦乡了。

意象法和其他情商技能一样,要想有效,必须不断练习。正如墨菲先生向运动员和董事们所说的那样,思想就像一块肌肉,只有通过不断的锻炼才能越来越丰实。如果孩子有慢性病,那么没有什么比意象法更能控制病痛的了,尤其在与其他放松或分散注意力的方法一起使用时,更为有效。意象法就像好的行为举止、交友、维护自己的权利一样,是每个孩子都应该学会的技能。

帮助孩子掌握意象法的其他方式

上面提到的指导孩子进行想象的方法是最简单、最直接了当的。还有其他几种以艺术为基础的方法,对提高孩子的艺术欣赏水平、美学意识特别有效。

1.让孩子闭上眼睛,听各种非声乐音乐,如交响乐、爵士乐等,给孩子讲音乐唤起的想象。

2.给孩子看抽象艺术,要求他从中找出某些形状,再画下来。

3.找出内容比较真实的图画,让孩子盯着看一分钟。然后让孩子闭上眼睛,尽量描绘所记住的细节。

4.蒙住孩子的眼睛,让他在屋子里到处闻,看看能闻出几种不同的气味来(比如橘子、香水、植物等),然后再让他画下这些物体。

5.让孩子回忆以前的某件事。让他闭上眼睛,尽量详细地描述一遍。

本章介绍的这些技能都很容易学,但另一方面,由于它们比其他情感和社会技能需要更多的重复练习,因而显得有点乏味。但由于其毋庸置疑的好处,父母还是应该不厌其烦地教孩子掌握这些技能。

需要牢记的情商要点

- 6岁以上的孩子能够自我对话,自我充当教练,可借此提高他们的专注力,增强他们的表现。
- 要想让自我对话实用有效,必须通过不断重复和强化训练,使之成为孩子思想和行为的一部分。
- 你可以选择特定的意象法指导孩子对付身心痛苦。
- 越早教孩子这些技能,就越有效。
- 要让孩子掌握这些技能,重复是必不可少的。所以,应该用你的热情和参与使这一枯燥无味的工作变得饶有趣味。

PROBLEM SOLVING

第四部分
培养孩子自己解决问题的能力

一个年仅 5 岁的孩子看到父亲锯木头，弄伤了自己，赶紧跑进屋里拨通了 911；一个 7 岁的女孩，因为父亲周末接她总是迟到，于是在父亲生日那天，特地给他买了个闹钟作为礼物；一个 10 岁的小男孩，因为表妹在一起驾车枪击案中被打伤，致信市长和警察局长，谈了自己对治安状况的担心，要求他们在该地区增加警力。市长特地给他回了一封信，保证实现他的愿望。

我们经常不太相信孩子具备解决问题的能力，经常在孩子不需要的时候或地方擅自帮他们，擅自为他们做决定。相反，如果我们给孩子足够的机会和适当的鼓励，他们完全有能力周全地进行思考，解决复杂棘手的难题，从而提高他们自己以及大家的生活质量。

有些父母不愿花时间教孩子解决问题的技能，天真地以为孩子的童年时代应该尽可能远离任何问题。比如，一位家长听说解决问题的能力训练是幼儿园课程的内容之一时，头摇得像拨浪鼓："他才这么小，以后有足够的时间来学会自己处理问题。"

这些父母没有意识到，培养解决问题的能力是孩子成长过程中不可分割的内容，孩子出生头几个月就能解决问题，他们的智力和情感发育以及解决问题的能力也是具有年龄特征的。我们只

要看看孩子解决问题的方式,便能清楚地知道相对于他的年龄来说他的发育是否正常:

- 婴儿努力把大拇指塞进嘴里,刚开始总是判断错误,戳到鼻子或前额,几小时后,终于成功了,她非常满意。
- 1岁的孩子正努力堆起3块积木,刚开始失败了,非常沮丧,几乎要哭出来,但如果把积木拿走,他就会大发脾气。
- 3岁的孩子坚持要自己穿鞋,全然不顾自己正站在商店货架中间,挡住了其他顾客的去路。他全神贯注,父母要帮助他,哪怕是为了他的安全,他也大声反对,直到自己穿好鞋。

父母误认为孩子遇到的问题越少,就越幸福、越成功,他们难以理解孩子为什么那么喜欢自己解决问题,以及问题解决后那种欣然与满足,好像问题越多他们就越高兴。一群8岁的孩子想在后院搭个城堡,不厌其烦地做计划,找纸板、木片、绳子,搜遍仓库和地下室,寻找任何可以完成他们建筑奇想的材料。他们会忘记吃饭,不顾下雨,即使盖成以后,得不到父母的赞扬,也全然不顾。实际上,解决盖城堡过程中遇到的困难,更让孩子们感到满意和兴奋,而城堡究竟盖得如何,却是无关紧要的。

还有一个误解是,智商比情商更能决定解决问题的能力强弱。著名心理学家让·皮亚杰就持这种观点,他认为,人的逻辑思维是决定解决问题能力的关键因素,而后者与年龄和智商紧密相关。然而越来越多的证据证明,社会经历和对问题的熟悉程度才是解决问题能力的关键因素。

心理学教授斯特芬尼·桑顿在《儿童解决问题》一书中，引用许多人的研究成果，证明孩子解决问题的能力比我们想象的大得多，孩子能否成功地解决问题，更多地取决于他们的经历而非聪明程度。桑顿认为，过去对孩子如何学会解决问题技巧的研究（包括世界著名的让·皮亚杰的著作）主要是以某些测试为基础，而这些测试又是让孩子回答不熟悉的问题。比如，2—3岁的孩子有几个能回答如下的抽象问题？

1. 如果A正确，那么B也正确；
2. 现在A正确，那么B呢？

倘若换种叙述方法，那么没有哪个孩子会对同样的推理感到困惑：

1. 如果你在买东西时听话，就会得到一个冰激凌；
2. 你在买东西时表现很好，结果呢？

如果问题是以孩子熟悉的具体的方式表达，那么孩子就能解决相当复杂的问题。而如果以抽象的、缺乏准确性或者用假设的语气表达，那么即使问题相同，孩子也解决不了。

如果成人不能事先了解现实世界，那么在解决逻辑问题时，也会遇到麻烦。这不难理解，我们只要想想，对问题的熟悉与否对推理能力有多么大的影响就行了。试想一下，你在家乡给人指路，与你在一个你仅到过一两次的城市给人指路，有什么不同。从严格的认知观点来看，两者是同样的问题，但实际上，你对其中一个很熟悉，而对另一个却无能为力。

在教孩子解决人际关系问题时，这一原则也同样适用。我们带领他们积极地解决一个个问题，也就为他们建起了事实和经验的宝库，他们可以从中不断吸取知识，进而解决新问题。所以，我们实际上是在修建解决问题的桥梁，从孩子本能的冲动和欲望开始，用经验和知识铺路，最终通向孩子掌握解决问题的能力这一最后目标。

第九章
用言传身教教会孩子解决问题

孩子看着我们平静地讨论问题，推理、权衡不同的解决方法，他会自然而然地开始模仿。另一方面，如果我们失去理性，喜欢争吵，忧郁寡欢，被面临的问题搞得一蹶不振，或者幻想问题会自动解决，那么我们还能希望孩子学到些什么呢？

有些父母尽管在外面很能解决问题，但出于许多心理原因，在家里便丢掉了解决问题的技巧。我们以丹为例，他是3个孩子的父亲，一家连锁超市的药剂师，每天工作9—10个小时，业余还在学习，准备拿博士学位，希望将来有一天在医药公司谋到一个研究职位。丹很为自己解决问题的能力自豪，任何问题只要一出现，他就能解决。他自认为头脑冷静、有理性，是个哪里出现问题都会被请去帮忙的人。

然而丹在家里却不一样，他觉得自己应该有段时间是与问题绝缘的。他对妻子说，他希望他的家是个避风港，是休息、养精蓄锐的地方。

当他下午6点半回到家，妻子说晚饭要迟一点吃时，他说："晚饭又晚了？我难道一个月里不能有一天正点吃饭吗？"吃饭时，大女儿说她的拼写考试只得了个"C"，"你如果按我说的那样努力学习，你就会拿'A'的。这个家里谁都不愿好好干自己的事,谁都想偷懒,真让我头疼"。他吼了几句,推开桌子就走了。

我们经常彬彬有礼地对待点头之交或陌生人,而对自己爱的人粗暴,这真是一个谜。然而通过努力,情况并非必然如此。正如心理学家路易斯·哈特在《赢得家庭》中所解释的那样,当父母作为家长承担起责任的时候,就为孩子树立了完美的榜样。对孩子来说,你是一个拥有无限权力的人,甚至比总统的权力还要大。哈特认为,作为家长,有6种品质应该在孩子面前展现出来,以保持家庭中的快乐气氛和个人威望:

- *必须有眼光,有方向,有目标*
- *必须有效地表达你身为家长的权威*
- *必须把家庭焦点永远放在目标上*
- *必须考虑他人的需要*
- *必须支持进步*
- *必须盼望并取得成功*

你通过日常生活中的一言一行向孩子展示你解决问题的能力了吗?想想最近影响家庭的某个问题,就能得到答案。你总是欠账吗?你是否患着什么病,使你不能参与某些正常活动?你的孩子调皮吗?现在,在下面表中描述你如何解决问题的语句前打勾。

父母解决问题方式检查表

_____你解决问题时,同时考虑多种方式吗?

_____你清楚地给问题下定义吗?

_____你是否让每一个与问题相关的人都能说出自己对解决方式的想法?

_____你是否讨论每一种观点的优与劣,不管这些观点是不是你自己的?

_____你是否能保持冷静,不责备他人?

_____你在解决问题时,是否依靠诚实的努力?

_____在达成解决方案后,你是否承认他人的努力?

_____你是否准备备用方案,以防第一个失灵?

你在超过一半的语句前打勾了吗?如果没有,请继续往下看。

家庭会议

提起培养孩子解决问题的习惯,没人会说不好,但多数人都不为此努力。有一个方法能让你有机会在孩子面前展现你解决问题的技能,那就是每周举行一次家庭会议。时间应该定在大家方便的时候。无论是父母还是孩子都必须参加家庭会议。这样,你就能给孩子传递这样一种信息:你严肃地承担了作为家长的义务,忠诚于自己的职责并想尽力帮助他们掌握通向成功的情感和社会技能。

一般说来,家庭会议只要半个多小时。作为会议主持人,你应该坚持以下几个保证开好会的基本点：

- 准时开始和结束
- 别人说话时不要打断
- 不要批评别人的观点或感情
- 让每个人都有机会参与，但不要强迫

会议的一半时间应该用来讨论个人的观点，另一半时间用来解决影响家庭整体的问题，每个人都应该有机会讨论或"想出"一个自己正面临的问题，这也是你提出合适的问题供大家讨论的机会。

当讨论你自己的问题时，拟出 5 个步骤的解决程序：

- 说明问题
- 考虑其他的解决办法
- 比较每一种解决办法
- 选择最好的方法
- 下次会上，通报解决结果，讨论所需要的修改意见

比如，加维夫人每天下班回家，都喊头疼，并且无缘无故地对孩子和丈夫发脾气，她以前可不是这样。在一次家庭会议上，10 岁的儿子问她是怎么回事。这位 3 个孩子的母亲解释说，工作上的压力使她喘不过气来。加维夫人是一家大律师事务所的律师助手，她协助工作的两位律师总是给她分派太多的工作，使她无法应付。她马上就要提升了，本不想抱怨，但这两位律师每次都

要求她优先干他们交付的事。她用五步法在家庭会议上把这个问题解决了。

1. 说明问题："工作太多，超出了应付能力。"

2. 考虑其他的解决办法："我可以 A. 直接告诉那两位律师，工作太重；B. 把工作拿回家，晚上和周末加班；C. 建议他们雇一名临时帮手，由我来监督。"

3. 比较每一种解决办法："第一种解决办法只是把问题移给了那两位律师，使他们负担过重，他们不会喜欢；第二种办法会使我和家人的关系更加紧张；第三种办法承认了问题的存在，提出了合理的解决办法，并且不会给我和他人造成太大压力。"

4. 选择最好的办法："第三种方法。近期来看，会使公司多花点钱，但从长远来看，可以更快、更有效地完成工作。"

看着母亲如此解决自己的问题，孩子们能学到的东西是不言而喻的。他们日后在遇到问题和矛盾时，也会理性地解决。这种办法还有另一个好处就是，加维夫人与家人一起分析问题，一起解决问题，让家人分担了自己的烦恼，得到家人感情上无价的支持。

一旦你做了表率，孩子们如果愿意，就有机会把自己的问题提出来讨论。年幼的孩子所走的每一步，都需要指导，而他们的学习能力也会让你吃惊。每个人都需要家人的支持和帮助。孩子们喜欢有机会帮助父母解决重要的问题，他们的观点也应该受到尊重。请记住，解决问题是一个过程，没有永远正确或永远错误的答案；它不仅能促进孩子情商的发育，而且能增强家庭的凝聚力,是一举两得的好事。

需要牢记的情商要点

• 孩子能通过自己的经历学会解决问题。为他们创造机会,让他们自己解决问题,不要总是插手其间。

• 通过家庭会议,在孩子面前展示你解决问题的技巧,从而在家庭中营造解决问题的气氛。

第十章
解决问题的语言

20世纪70年代初，费城的心理学家大卫·斯皮瓦克和默娜·舒尔就对孩子解决问题的技巧进行了研究。"我能解决问题"工程以25年的临床研究为基础，向人们证明，即使是三四岁好冲动的孩子，也能学会用推理而非行动去解决问题。他们学会了用请求而非直接动手的办法分享其他孩子的玩具；学会了告诉别人自己生气了，而非动手打架；站出来为自己说话而非离群索居、郁郁寡欢。孩子一旦学会这些办法，便再也忘不掉。研究表明，接受过"我能解决问题"工程训练的孩子进入幼儿园后，比没有接受过训练的孩子问题少，不太容易冲动、霸道、麻木或做出反社会的举动，而且在学习上表现更好。

"我能解决问题"工程首先会教孩子学会构成解决问题基础的6对词语。你可以先用这几对词语和孩子一起做游戏，直到他们能经常使用它们并从中得到乐趣。这样等孩子处理人际关系问题时，便更有可能使用它们。孩子在考虑是现在还是待会儿再做家庭作业、打架前后会发生什么等等问题时，这些词语对他们也会大有帮助。这6对词语是：

是 / 不是

和 / 或

有些 / 全部

之前 / 之后

现在 / 以后

相同 / 不同

你可以和孩子玩字词游戏，从而强化他们对这些词的使用。尽可能随时随地地玩字词游戏，比如在饭厅吃饭时，在商店买东西时，乘火车旅行时等等，只要你和孩子在一起，任何时间任何地点都能玩。当然，能定期与孩子在一起的大人，如老师、保姆、祖父母等也能参加进来更好。这就和学外语一样，孩子听得越多，接触越频繁，便越容易记住。

字词游戏是为使孩子明白字与字的区别而专门设计的。请看下面的例子：

妈妈：（在一家商店）我们一边买东西，一边来玩"是 / 不是"的游戏吧。这是一块蛋糕，它是甜食，不是主食。这是个苹果，它是主食吗？

斯特西亚：不，它不是。它是水果，和点心一样。

妈妈：很对。它不是主食，而是甜食或点心。你能帮我找些晚上不能当主食吃的东西吗？

如果你的孩子稍大一点，你就可以在去学校的路上与他进行下面的对话：

爸爸：你还记得"之前／之后"的游戏吗？我们来玩玩，给今天做个计划。

杰里米：好吧。

爸爸：你准备在吃晚饭之前，还是之后做家庭作业？

杰里米：晚饭之前。

爸爸：很好，这是我们家的规矩。家庭作业必须在吃晚饭之前完成。你在学校吃点心，是在上阅读课之前还是之后？

杰里米：阅读课之前。哈维先生说，小点心能帮助我们在上课时专心听讲，而不会想到饿。

爸爸：是吗？我还不知道这个呢。这真是个好主意。顺便问一句，你在吃了一大块冰激凌之前还是之后感觉饿？

杰里米：这个问题真可笑，当然是吃冰激凌之前饿了。

对更大一点的孩子，可以一边练习技能，一边玩字词游戏。这是一个"相同／不同"的游戏，涉及一点基础数学。

妈妈：1×3 和 3×1 是相同还是不同？

艾米：相同。

妈妈：$6 \div 2$ 和 $12 \div 3$ 是相同还是不同？

艾米：这有点难，让我写下来看看。噢，它们分别等于3和4，结果不同。对，是不同。

妈妈：很好。你能想出两个乘积相同的数吗？比如，

2×4等于8，1×8也等于8。两个结果完全相同。

利用基础词来解决问题

这些词究竟与解决人际关系问题的技能有什么关系，一眼还看不出来。但好比学弹钢琴前学习音阶一样，字词游戏中所体现的技巧，就是让孩子学会解决问题的基本概念，这就类似"音阶"。玩这些游戏还可以教会孩子们快速思考，就像练钢琴要先练习手指灵活度。

6岁的亚利克斯学会了这些基本词汇，有一天，11岁的姐姐玛莎和朋友一起取笑了他，他哭着跑到妈妈面前。

亚利克斯：（哭着）我恨玛莎，她对我不好！

妈妈：（安慰着）什么事惹你哭了？

亚利克斯：玛莎说我还是个小孩，不能和她一起看电视。

妈妈：玛莎说这话前发生了什么事？

亚利克斯：（稍稍平静一点）我踏进房间，说想和玛莎以及她的朋友一起看电视，还说她们已经看了一上午了，该轮到我了。

妈妈：我明白了，你想和他们一起看电视，这很好，但我认为你采取的方法并不能帮你达到目的。你如果问一句："轮到我看电视了吗？"结果会一样吗？

亚利克斯：（停住哭声，低头思索）我想，这……不一样。

妈妈：对，结果就是不一样。你认为你问玛莎的方式是对，还是不对？

亚利克斯：我猜不对。

妈妈：你为什么认为不对？

亚利克斯：因为玛莎对我不好，我哭了。

妈妈：是这么回事。但我不是问这个。我问的是，你觉得自己问玛莎的方式对吗？

亚利克斯：不对，我没说"请"。

妈妈：对了，你还能在哪方面做得不一样呢？

亚利克斯：我还可以态度更好一些。

妈妈：这就对了，你应该这么做。现在，你还想再试一次吗？

孩子学会上面6对词语后，你可以再教他一些，以便有助于他把自己某些行为的因果联系起来。

好时间 / 坏时间

现在不是我给你读故事的好时间，吃完饭就到好时间了。

如果 / 那么

如果你放学回到家就做家庭作业，那么，晚饭后就可以看电视了。

为什么 / 因为

为什么没人与我一起玩呢，因为我没有邀请任何人。

公平 / 不公平

因为希里安比较小,所以他多睡觉是比较公平的,但是,他因为玩棒球而不干家务活,就不公平了。

一旦你开始教孩子使用这些词语,就要坚持下去,不断练习。你可以把它们记在卡片上,以方便孩子记忆,并随时提醒他们使用。孩子遇到问题时,就把卡片拿出来。慢慢地,孩子只要一看到卡片,就会自觉地运用这些语言解决问题,从而形成一种条件反射。

学会解决问题的技能就像学习其他技能一样,刚开始,需要不断地练习,直到成为孩子的第二天性。你或许会问,这么麻烦值得吗?这么简单的游戏真能有那么大的作用吗?答案绝对是肯定的。"我能解决问题"的技巧已经使用了25年,成功地治疗了许多冷漠、冲动、孤僻、霸道和反社会的孩子。只要父母花时间真诚地帮助孩子掌握好这些技巧,哪怕孩子出现严重的问题也能得到解决。

需要牢记的情商要点

- 孩子到4岁以后,你就可以教他使用解决问题的语言了。
- 从简单的字词游戏入手,然后用这些简单的字词解决孩子的问题。

第十一章
解决问题的方法训练

即使很小的孩子，他们解决问题时也会有多种方法，比如一个9个月大的婴儿，努力把一块方木头塞进一个洞里，他可以使劲把它敲进去、塞进去，或者找一个新洞，还可能非常沮丧地把木头扔掉（这也是解决无法解决的问题的一种方式）。孩子到了正规学习的年龄以后，便开始区分"正确"和"错误"答案，认识到自己的天赋能力太小了，对有些问题想不出其他的解决办法。

比如，同学们在操场上玩耍，8岁的玛丽亚乘机偷了他们放在衣柜里的钱。被抓住后，她解释说，是因为母亲丢了工作，不能给她钱吃午饭。她以为自己可以从钱多的同学那儿拿一点。当老师问她是否有别的解决办法时，她羞愧地低头哭了。她知道，老师是想要那个"正确"办法，而她却不知道。如果再找一个"错误"答案，那么情况会更糟。

老师的意思是要玛丽亚想出一个比偷更好的办法，摆脱眼前可以理解的困境。然而玛丽亚过分担心会再次遭到厌弃，再也想不出其他解决办法了。

玛丽亚的情感（被抓住后的羞辱感，以及害怕再次遭厌弃的恐惧）使她的天赋才能短路，从而想不出其他可能的解决办法。在《儿童解决问题》一书中，斯特芬尼·桑顿认为，当情感没有卷入时，孩子解决某问题时，会本能地想出不同的解决方法，比如，一个二年级的学生，解决简单的加法5+3时，会想出至少4种不同的方法：

- 回忆答案，因为他以前做过这道题。
- 一个个地数手指数出来。
- 从较大的数字开始数（比如，从5开始数，数3个手指，得到8）。
- 因为他已记得5等于2加3，所以把5分解成2和3，然后两个3相加等于6，再加2得8。

桑顿在书中写道，处在这个年龄段的孩子总是倾向于根据问题的难易程度，以及过去的成功经验，采用不同的办法解决问题。通过不断重复，孩子最终会选择一种最可能适用于特定问题的方法。

然而遇到人际关系问题，大脑的情感和逻辑两部分之间可能会发生短路。用神经学的专业术语来说，就是扁桃核不能形成与大脑皮层联系的通路，所以只能依赖自己的"情感逻辑"。作为人类直觉基础的情感逻辑在解决某些类型的问题时是足够的，但在许多情况下，尤其是在牵涉强烈的情感时，只有冷静的大脑皮层才能指导大脑想出符合实际的有效办法。当孩子试图解决自己的问题时，就在大脑的情感和逻辑部分之间架起了桥梁。

帮助孩子寻找多种方法

解决问题的过程也可以用游戏的形式不断排练,直到成为孩子在遇到问题时的自觉反应。大脑风暴游戏就是要孩子想出尽可能多的解决办法,然后选择最好的一个,重点是帮助孩子更灵活、更有创造性地解决问题,使任何年龄的孩子都成为解决问题的能手。

几年前,我被请到一个幼儿园做演讲,内容是孩子中最普遍的问题——取笑别人,这里几乎天天都有几个孩子哭着回家。为了鼓励孩子们思考各种解决办法,我便让他们玩大脑风暴游戏。我让他们每个人思考一个问题:老师桌旁的绿色金属垃圾桶,还能有什么别的用处?

"无论你们的想法有多么愚蠢都不要紧。游戏的目的只是让你们想出尽可能多的主意。你们在解决问题时,需要考虑所有可能的方式,然后才能选择最好的出来。"我解释道,然后把全班分成几组,每一组想出一个新主意就能得1分。我要他们在5分钟内想出至少20个主意,他们最后想出了37个。比如,"放玩具""当帽子戴""往里面撒尿""盛篮球""放脏衣服""装小妹妹""放钱,当银行用"等等。我把每个主意都写下来,再回过头去,圈出好的那些。

然后开始新一轮大脑风暴游戏,这次的问题是:想出你遭别人取笑时,可以做的事。他们的答案包括:"用取笑反击""告诉老师""走开""找别人玩""质问他们为什么取笑你"等等,我再一次把这些主意记录下来,圈出大家认为好的答案,然后讨论这些办法在班上会产生什么效果。

大脑风暴游戏同时用了思维大脑中的逻辑和语言两部分,因而和其他情商技能一样,需要经过不断地重复练习,孩子们才能在面对问题时自觉地考虑所有可能的解决办法。玩该游戏时,首先要选择与孩子年龄相符的人际问题。如:

- 杰米和乔纳森同时想看不同的电视节目。他们怎么解决这个矛盾?
- 由于受大孩子欺侮,比特丽丝害怕去学校,她该怎么办?
- 克里斯喜欢打篮球,但在班上最矮,所以未被选上。他该怎么办?

其次,应该从孩子的日常生活中选择问题玩大脑风暴游戏。请记住,要想让孩子学会解决问题的新方法,关键是问题与孩子的生活经历密切相关。当孩子特别喜欢某一问题时,大脑风暴游戏尤其有用。随着孩子解决问题技能的不断积累,他们一方面需要依赖过去的经验,另一方面也需要显得过时的旧方法,以便推陈出新。

默娜·舒尔在《培养有思想的孩子》一书中设计了另一种游戏,名字叫"画连城游戏",力图以简单的游戏规则,引导孩子在娱乐中想出多种解决问题的办法。

画连城游戏（5至10岁）

用20多张卡片组成一个卡片组，每张卡片写上参加者在现实生活中遇到的问题，比如，姐姐用你的东西时怎么办、如何应付一次很难的考试等。把卡片顺序弄乱，从年龄最小者开始，拿出最上面的卡片，大声读出上面的内容。然后孩子们便玩传统的画连城游戏。每提供一个合乎要求的可行办法，就写一个"X"或"O"。如果提不出来，就算输。因而，很明显，如果哪个孩子事先没有准备，解决问题的办法不多，就容易处于不利的地位。孩子们玩游戏时，家长可以充当裁判，判定哪些是"好"的解决

> 因为太胖了，学校里谁都取笑我，没人愿意跟我玩。

> 只要你设法思考，每个问题都有解决办法……我们可以想出10种办法，然后选择一个最好的。

如果孩子们掌握了某些特定技巧，并得到适当的支持，那么他们是能够自己解决问题的。

办法。

如果每个参加者在每一轮都能跟上,那么这对培养孩子解决问题的能力就更有帮助。如果玩过10轮以上,就有助于孩子们在各个答案之间建立联系,增强他们的自信心,提高他们解决问题的能力。

孩子们在一起玩时,通过观察和倾听别的孩子的举动和意见,通过了解各种好的和不好的解决办法,能更快地掌握解决问题的不同技巧。

通过寻找"例外"来解决棘手问题

即使在孩子们操作过大脑风暴游戏之后,仍会有一些太难或为时甚久的问题解决不了。补救的办法便是帮助孩子们找出问题的"例外"。琳达·麦特卡尔夫在《解决问题》一书中,对这一方法做了描述。

麦特卡尔夫指出,总有不存在问题的时候,孩子们可以在大人的帮助下视这段时间为解决问题的关键,而且观察这段时间也是将问题纳入视野的一种方法。无论是大人还是儿童,都不自觉地以为自己的问题是永久的、无穷无尽的。而事实上,问题总是在特定时间以特定方式发生(参看第七章关于如何培养孩子乐观品性的讨论)。

比如,克里斯汀说由于她身体过胖,参加体育活动就显得比较笨拙,在学校里总是遭到同学们的耻笑。她不断地对母亲说

"学校里的每个人都恨我"。但当母亲坐下来,与她一起讨论分析之后,她开始明白,实际上并不是"每个人",而只是27名同学中的3名女同学嘲笑她。母亲对她说:"这3名女孩对你恶语相加,是她们错了。事实上,她们可能也会取笑别人。或许某一天,她们会变好的,但这需要时间。你们班上有24名同学并不取笑你。我们来把他们的名字列出来,看看谁与你比较相像,你们可以成为朋友。"

在寻找"例外"的过程中,克里斯汀的母亲为她打开了一个可能的解决方法的世界。原先的问题并没有消失,但克里斯汀开始把注意力转移到积极、可能的解决办法上。麦特卡尔夫在书中这么写道:

> 每种抱怨都含有某种形式的例外……普遍性的抱怨是从那些感觉没有希望、无法控制自己的人的嘴里发出的……当学生们认为学校太糟糕时,只需问他们一个问题:"什么时候不这么糟糕?"这就是这个问题的"例外"。为每个问题打开一条通路的,便是例外,它使人们有机会看到事实比他们想象的要好得多。许多时候,只要数数在学校或家庭中没有问题的分分秒秒,就会使问题更容易解决,会使你的生活不受问题的搅扰。

把思维转移到解决问题的方法上去

心理学家斯特芬·德·沙扎尔也提倡把思维定向到问题的解

决方法上。他认为，这么做可以使得我们认识和解决问题的方式发生大的转变。大多数情况下，我们都知道解决某一特定问题的方法，只不过不知道自己知道罢了，就仿佛问题被锁在一扇门里，而我们却没有开门的钥匙。转变思维可以帮我们打开这扇门，这样，过去对类似问题的解决方法又可以为我们所用了。

解决问题的技能也和其他领域（无论是体育界还是学术界）的技能一样，需要不断练习，这样还可以帮助孩子们把自己想象成解决问题的能手。有些时候，只要视自己为解决问题的能手，就能提高自己解决问题的能力。罗伯特·哈特莱专门研究了差等生是如何解决问题的。他发现这些孩子们比较冲动，不会计划，缺乏控制进程或改正错误的愿望。但如果让他们第二次解决问题时，假装自己是班上最聪明的人，那么他们马上变得不那么冲动，能很好地做计划，并有控制进程、修正错误的动力。尤其重要的是，他们也更能成功地找到正确的解决方法。

方法—目的思维

最成熟的解决问题的方式是方法—目的思维。它有赖于孩子在两方面的能力。其一是，有能力计划一系列逻辑性的行动，从而实现预期目标；其二是，从每一个步骤中吸取经验，杜绝或规避有可能的障碍，并且在任何时候都能成竹在胸地排除障碍，取得成功。运用方法—目的思维时必须明白，有的目标不是马上就能实现的、最终目标可能需要根据起始目标适时修正、采取行动的时间经常与成功密切相关等。

方法—目的思维是一种复杂的、长时间的解决问题的方式，你可能会很自然地把它与成年人联系起来（事实上，你可能认识很多并不精通该方法的成年人）。但是，十二三岁的孩子也能表现出这种才能。他们的有些角色扮演游戏和电脑游戏就需要这种技能。

然而，很少有孩子把该技能用于现实生活中。斯特芬·德·沙扎尔也许会认为，这一事实支持了她的观点：正常的认知发育过程并不需要多少解决问题的技能，更多需要的是某一特定环境中连续的学习过程。她认为"逻辑本身只不过是人们解决问题的许多方法之一。如果只有逻辑，并不能帮助外科医生修理洗碗机或者帮助修理工割掉某人的盲肠"。

因此，下面的情况就不足为奇了：非常擅长代数逻辑和电脑的青少年和儿童，在运用方法—目的思维解决个人或人际关系问题时，还需要他人的指导。同样可以理解的是，在解决不同领域的人际关系问题时，他们也需要指导，因为每个领域都有特定的逻辑和情感思维。比如说，找一份与团队活动不矛盾的校外工作、与不体谅的男朋友保持关系、出版报刊时作者总是不按时交稿等，解决这些问题时，孩子都可能需要成人的指导。

建立你和孩子间脚手架式的关系

俄国心理学家列夫·维果斯基认为，在伙伴对问题很熟悉的情况下,孩子们对解决问题的技能学得更快更好。心理学家杰罗姆·布鲁纳和大卫·伍德用"脚手架"一词来描述孩子在学习某些特定的解决问题的技能时与成人之间的共生关系。在这种关系中,你只要提供一个用方法—目的思维解决问题的框架,让孩子掌握必要的技能,他们就可以自由发挥。然后,你慢慢地减少指导,直到他们能够独立地解决问题。

阿诺德·戈尔德斯坦的《预备课程》一书列出了以下几个步骤,来教较大一点的孩子解决生活中比较复杂的问题:

1. 教孩子知道全面思考问题的重要性;
2. 教孩子鉴别和定义问题;
3. 教孩子根据自己的视角收集信息,包括观点、事实和不为人知的情况;
4. 教孩子从别人的视角收集信息,包括他人的所见、所想和所感;
5. 教孩子考虑其他的办法,包括什么能做、什么能说、什么障碍是可以预见的;
6. 教孩子评价后果和结果,包括在许多可能的选择中如何取舍,如何根据别人特定的话或行为预见可能发生的事;
7. 让孩子练习解决问题的全过程,强化每个步骤,鼓励他们坚持下去,直至找到深思熟虑的解决方案。

要想帮助较大的孩子或青少年解决生活中的问题,请记住,要随时准备着在问题出现之时,采用脚手架方式。要想这么做,你须在百忙之中，定期坐下来和孩子一起讨论他们的兴趣和关心的问题，这样他们就会明白，你会优先考虑他们的问题的。

较大一点的孩子，很少会在解决严重的人际关系问题上求助于父母，除非早已打下一种基础，即他们相信，父母的帮助会减轻而非加重他们的焦虑和担心。要在你和孩子之间建立一条通道，一条被孩子视为解决问题最简便有效捷径的通道，你不仅要有帮忙的愿望，还要表现出能力来。

建立互相依赖关系的提示递减游戏（10岁及以上）

我发明了提示递减游戏，帮助你在孩子练习方法—目的思维时，与他们建立脚手架式的关系。它需要互相合作，输赢是双方共同的事。开始游戏之前，你需要把下面的迷宫复印三份。

然后在"问题"线上写下孩子遇到的（或可能遇到的）问题，以及解决问题时有可能的障碍，最后完成迷宫时，再填"解决办法"栏。第一轮，让孩子用铅笔在迷宫里走一遍，要避开障碍和死胡同。孩子必须蒙上眼睛，由你在一旁指导他运用铅笔（比如，向左一点……很好，向前半英寸……）。走完迷宫得20分，每碰障碍一次或越界一次扣1分。

第二轮时，取出第二份迷宫复印件，再蒙上孩子的眼睛。这一次，只能指导他10次。如果走出了迷宫，就得20分。每次越线或碰障碍都减1分。另外，10次以上的指导，每多1次扣1分。

提示递减游戏

问题：_____

_____

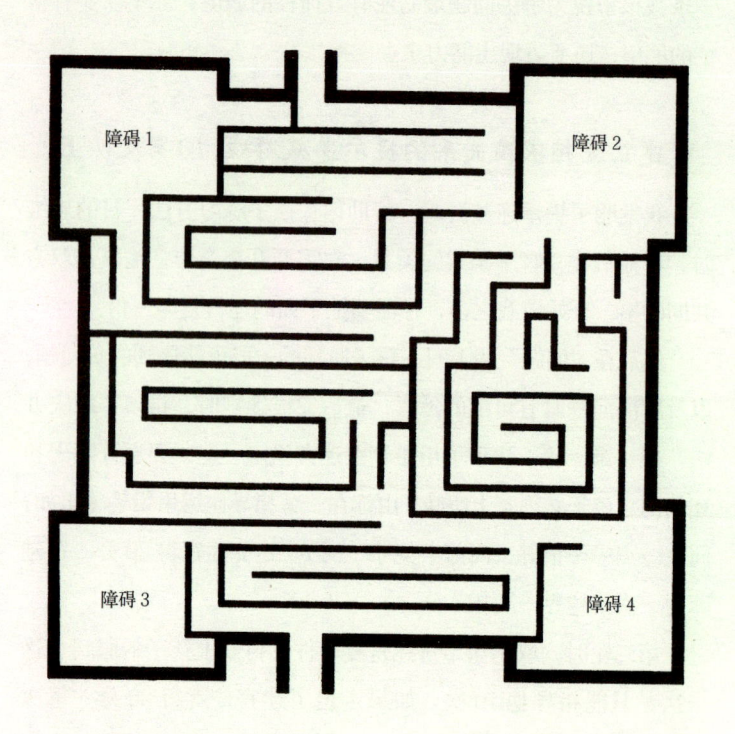

```
障碍1                      障碍2




障碍3                      障碍4
```

解决办法：_____

_____

最后一轮中,孩子可以得40分,但只能指导他5次,打分办法不变。

游戏结束后,把三轮游戏得分相加,如果得25分以上,并且在最后一轮想出一个较好的解决问题的办法,那么他便赢了。再花点时间讨论一下解决所遇到问题的过程、迷宫上所列的障碍类型,以及在现实生活中,孩子必须采取什么策略来克服困难,解决问题等。不能忘了另一个问题:解决办法是随时可能改变的。

然后,你们可以互换角色,再玩一次。你蒙上双眼,让孩子给你指路。你们双方都会从对方观点中获益,你也会喜欢这种角色转换的。

需要牢记的情商要点

- 绝大多数成年人都意识不到,孩子很早就能学会解决问题。最近的研究表明,我们低估了孩子解决问题的能力。研究还表明,你的参与能提高孩子的这种能力。在培养孩子这方面的能力时,注意各个年龄段的要求有所差别。
- 孩子入学后,他们可以学习如何采用多种办法解决问题。
- 孩子到八九岁后,便能够权衡各种解决方法的利弊,选择最好的。
- 把注意力放在解决办法而不是问题上,有利于孩子克服障碍。

- 较大的孩子和青少年需要与你建立支持性的关系,来帮助他们解决更复杂的问题。你应该充当脚手架,为他解决问题提供一个框架,绝不能干涉。

THE SOCIAL SKILLS

第五部分
培养孩子的社会技能

在孩子的所有情商技能中，和人相处的能力与日后的成功和生活质量关系最为重大。要想在社会中如鱼得水，孩子必须学会了解、熟悉社会环境，并对之做出适当的反应。他必须懂得如何协调自己与他人的期望和需要。

孩子的社会化过程是与他的内在气质以及你的反应糅合在一起的。婴儿在6个星期时，就会长时间盯着父母的脸看，然后泛出一个甜甜的微笑。如果你回他一个笑脸，孩子会笑得更加灿烂。3个月大的孩子便会用凝视和头的姿势与你交流，告诉你他是否满足、不快或害怕。如果他对某件事失去兴趣，便会把头转开。如果他不想让你干某件事，便会把头低下。如果他过分兴奋，也会低下头，同时身体变得软弱无力。

即便是婴儿，在社会反应能力、适应性和耐力方面，也因人而异。一般来说，我们也相应地受到婴儿的行为影响，更多地注意到那些比较爱社交的孩子。即使在托儿所里，人们也愿意抱那些"容易接近"的孩子，和他们一起玩耍。不爱社交的婴儿肯定也能像其他婴儿一样成功和幸福，但需要大人付出更多的耐心和努力，这一原则适用于所有年龄的孩子。

对其他孩子的兴趣也是很早就能产生的。躺在婴儿推车里的婴儿会使劲看从他身边经过的孩子。如果看到其他孩子的录像，便会安静下来，惊奇地瞪大双眼，还会爬过去摸屏幕。

一般来说，孩子很小就能意识到并敏感于社交的微妙之处。齐克·鲁宾在《孩子的友谊》一书中，就举过一个例子，即一个4岁男孩与朋友一起聊天时，对朋友感情的理解和乖巧的反应。

> 大卫：我是一个火箭机器人，能够把火箭从手中射出去，我能把火箭从任何地方放出去，即使是从两腿中间，也不在话下，我是一个无所不能的机器人。
> 杰米：(嘲笑) 不，你不是火箭机器人，你是个放屁机器人。
> 大卫：(自卫) 不，我不是放屁机器人，我是火箭机器人。
> 杰米：不，你只是个放屁机器人。
> 大卫：(受到伤害，几乎要哭了) 不，杰米！
> 杰米：(意识到大卫受到伤害) 我是个大粪机器人。
> 大卫：(又破涕为笑) 我是个放屁机器人。

这两个男孩的幽默虽不登大雅之堂，但是我们却能从中看到孩子令人吃惊的微妙的感情变化。杰米意识到自己的玩笑使大卫不愉快了，便取笑自己以平衡大卫的感情。大卫马上意识到杰米态度的变化，也采取了同样的方式，一场潜在的冲突化为一场玩笑。随着孩子与同伴间类似的成功交往经历增多，这种社会敏感性更经常出现。正如鲁宾所说："(学前) 儿童……从大人那儿学到的社交技能远比与同伴交往中学到的少。他们更有可能从错误和考验中学会取舍，并且自觉地根据经验做出反应。"

一般说来，大多数心理学著作都专注于那些拙于社交的孩子，这些孩子要么因为忧郁内向的气质，要么由于心理障碍而在社交技能方面有困难。据统计，接受特别教育服务的孩子，有50%在社交上也很笨拙，遭到同伴厌弃。许多情况下，社交问题比学习成绩更重要。无数次研究证明，遭同伴厌弃会直接导致学习成绩差、情感问题、少年犯罪率高等等。

幸运的是，社会技能也和其他情商技能一样，是可以学会的。办法很多，比如，父母的典范作用、父母有针对性的教育、确保孩子的精神发育与年龄相适应等，都能达到使孩子学会社会技能的目的。

第十二章
掌握说话技巧：成功交流的要诀

许多拙于与人相处的孩子都缺乏与其年龄相适应的谈话技巧。他们不能用合适的语言把自己的需要传达给别人，也不能理解别人的需要和想法。

对许多孩子来说，交流障碍与学习和行为问题是互为因果、相互影响的。比如，心理学家戴维·格雷蒙特在对注意力涣散的孩子进行研究后发现，尽管这些孩子非常爱说话，但都不会找话题，对其他孩子的话反应迟钝。由于缺乏谈话技巧及其他社会技能，50%至60%的注意力涣散症患儿都有过被同伴厌弃的经历，因而变得更加消极，或者更加霸道，以自我为中心，进而发展出更严重的社会问题。

格雷蒙特注意到，在孩子试图交新朋友时，缺乏会话技巧的毛病就暴露得更明显。他们很想加入同伴的活动，却选择了错误方法。一般说来，孩子比较普遍的做法是慢慢接近不熟悉的同伴，在附近徘徊，装作做别的什么事，然后用提问或评价来开始话题。比如，"这个游戏看上去很有趣""你怎么学会的？"等等。但是，缺乏社交技能的孩子却不是这样，他们的行为往往是唐突、以自我为中心和令人讨厌的，他们会说"我知道怎么玩这个游戏""我玩得比你好，让我玩会儿"等等。幸运的是，谈话技巧也是可以学会的。

孩子谈话技巧一览表

技巧	做法
清楚地表达自己的需要	说清楚你的感觉、产生这种感觉的原因、你的需要等。
谈些自己的私事	谈些你认为重要或有趣的事
根据对方的语言和非语言暗示，适当调整自己的反应	注意听对方说话，注意他的非语言暗示。谈话就像是玩跷跷板，需要两个人同时努力才能成功。
让对方谈谈自我看法	表现出很好奇的样子，尽可能多地了解对方。
提供帮助和建议	随时注意对方的需要，他们一般会说类似的话："我真不知道该怎么办才好。"
提出邀请	如果你想要对方与你玩，就要让他知道，可以邀请他参加你们双方都喜欢的活动。
做出积极反馈	对对方的话，你如果赞同就应该进行评论，比如，"那是个好主意"。
精力集中	谈话过程中不要干别的事，不要改变话题或谈些离题的事。

表明你是个好听众	对所谈的事提问，要求澄清或提供具体细节。
表明你理解对方的感情	说些能反映对方情感的话，比如，"我想当你发现有人偷了你的自行车后，肯定很生气"。
对对方表示兴趣	向对方微笑、点头，频繁进行眼光接触，表示你感兴趣。
表示接受	对于相关的问题，仔细听对方的观点，按对方的暗示行事。
表达喜欢和赞成	拥抱、握手，或者拍拍对方的肩膀，告诉他，你喜欢他，赞同他做的某些事。
表达同情	描述你所看到的对方的感情，表示出你的关心，比如"你看上去很心烦，你想说点什么吗？"
在适当的时候帮助对方，并提供一些建议	提出不同的意见和办法，并帮助对方，即使你从中得不到一点好处。

如何教会孩子谈话的技巧

孩子学习社交技能的最好办法是与家人对话。你越是能运用上列技巧，孩子在与同伴相处过程中就越有可能模仿。对许多父母来说，最大的障碍是没有时间和孩子交谈。有的父母定期在睡觉之前和孩子交谈，有的每周几次在饭桌上和孩子进行宽松有意义的谈话。另外，长时间的散步或开车出门，也是很好的一对一的对话机会。所谓有意义的谈话特点就是，实事求是地自然坦露，分享双方的思想和感情、缺点和错误、问题和解决办法以及目标和梦想。

对那些缺乏社交技巧、拙于与人相处的孩子来说，应该进行更有指导性和针对性的谈话。格雷蒙特发现，会话技能和其他语言技能一样，可以通过实践来提高。他在社交技能训练项目中，采用类似于游戏的"角色扮演"来教孩子们掌握基本的谈话技能。每次有两人参加，一人扮演主人，另一人扮演客人，主人的工作是要运用说话技巧了解客人的兴趣、爱好、情感、思想和观点等，力争让客人感觉像在家里一样。每次游戏都要有3分钟的录像，然后根据特定的技能给每个孩子打分，完成一个技能得1分，满分是8分，标准如下：

角色扮演打分表

在"主人"做过的每件事上画"○"：

提问	_____
介绍自己的情况	_____
提出建议或提供帮助	_____
做出积极反应（比如赞扬等）	_____

说些自己的私事 　　　　　　　　　＿＿＿＿＿＿＿

表示兴趣 　　　　　　　　　　　　＿＿＿＿＿＿＿

对对方所说的事表示接受和赞成 　　＿＿＿＿＿＿＿

提供适当的建议 　　　　　　　　　＿＿＿＿＿＿＿

然后，要求孩子自然而然地谈话，任何可能的话题都可以讨论，比如，最喜欢的玩具、游戏、电视节目等。最后，要求孩子自己找话题，并使谈话保持几分钟的时间。

如果你的孩子在与人谈话方面有很大困难，你可以和他一起玩上面介绍的角色扮演游戏，根据打分表来打分。最好把游戏过程录下来。作为父母，你应该注意自己的表率作用，强调你对孩子的关心和兴趣，引导他畅言自己的思想，和他交换意见和看法。如果可能，你的孩子还应该和别的孩子一起玩该游戏，这样他才能有机会学习与同伴交流的技巧。

需要牢记的情商要点

- 社交技能是可以学会的。
- 谈话技能可以帮助孩子得到社交门票，从而为他人和社会所接受。
- 谈话技能包括介绍自己的情况、询问别人的情况、表达自己的兴趣和接受对方等等。

第十三章
幽默感和愉悦感

心理学家保尔·麦基认为，幽默感在人的社交能力发展过程中起着举足轻重的作用。"擅长幽默"的孩子童年时代就在人际交往方面比较成功，因为他们知道，人们"很难讨厌能让他笑起来的人"。一个比较普遍的观点认为，幽默风趣的孩子比缺乏幽默感的孩子更受欢迎。该观点已被无数次研究所证明。研究还发现，即使四五岁的孩子，社交能力强的话也比较容易与同伴幽默地交往，而且更容易被别人的幽默逗得大笑。而在另一次研究中，一群自认为害羞的8—13岁的孩子觉得自己缺乏幽默感。在一次对大学生的调查中，"幽默风趣"被当成交友的三大基本要素之一。

儿童幽默感的发育阶段

和其他情商技能一样，幽默感的发育在婴儿出生的最初几个星期就开始了。婴儿刚6周大时，你就可以和他玩躲猫猫，用一块手绢遮住自己的脸，然后迅速拿开，他就会冲你笑。

婴儿只能欣赏身体幽默，于是我们就摇身变为查理·卓别林，看着孩子咯咯地笑个不停，从中得到无法言传的喜悦和满足。我们天生就知道怎么鼓动孩子大笑，比如，给孩子一个预料中的惊奇（躲猫猫）、让他知道"因果关系"的基本原则（孩子拍一下你的鼻子，你立刻做个鬼脸）、用挠痒痒或其他动作刺激他们的身体（用膝盖颠婴儿，或把他轻轻抛向空中）等，所有这些方法都是无师自通的。

根据保尔·麦基的理论，远远超出身体或感官反应的真正幽默，是在孩子进入生命的第二年，对字词和物体的象征意义逐渐理解的时候才开始的。这时对他们来说，幽默的基础是身体的不和谐性。比如，一个蹒跚学步的幼儿，把鞋当成帽子戴在头上，会让他大笑不止，在他的感觉中，这就像卡通片里猫追耗子进洞，最终把脸撞成烙饼一样可笑。

3岁的孩子会发现纯粹语言本身也很有趣。刚开始，他会发现叫错名就非常可笑。他会把"脚"说成"手"，"猫"说成"狗"，"妈妈"喊成"爸爸"。重复也使笑话更可笑。两岁半的孩子就会被某个笑话的字面意思笑得喘不过气来。再过几个月，就会被荒谬可笑的名字逗笑。

> 父亲：塔米，进来把粥喝了。
>
> 塔米（3岁）：你是个粥脑袋。
>
> 父亲：对，我知道，你现在把粥喝了。
>
> 塔米：（咯咯笑）你是个勺脑袋。
>
> 父亲：好吧，塔米很有意思，现在把粥喝了，我们才能去幼儿园。

塔米：（笑得前仰后合，把粥碗也弄翻了）你是个粥勺脑袋，粪脑袋。

父亲：（被搞得筋疲力尽，但也笑了）好吧，塔米，随便你说什么了。我给你带根香蕉，走吧，塔米。

韵律和胡编乱造的词对这么大的孩子来说，也是很有趣的。我女儿杰西卡2岁时，喜欢给她的朋友拉歇尔打电话，说些"没有意义"的话，其中总有几个"愚蠢的词"。

杰西卡：（咯咯笑着）"精—咣。"
拉歇尔：（咯咯笑着）"精—贡。"
杰西卡：（哈哈笑）"呼—嘣。"
拉歇尔：（大声笑）"呼—嗡。"
杰西卡：（笑得前仰后合，听筒都掉了）"呼……"

幽默的内容对任何年龄段的孩子都是永远重要的，但对这一年龄段的孩子，尤其重要，因为他们刚开始使用词语。比如，"精—咣"的玩笑让杰西卡如此大笑，但只有在对拉歇尔说或从拉歇尔那里听到才可笑，如果从我或别的什么人嘴里说出就没有意义了。这个年龄段的孩子开始认识幽默的方式，并自然而然地在自己熟悉的地方寻找它们。看过《芝麻街》的孩子都认为，大鸟的笨手笨脚和格罗弗的冷幽默不同，与伯特和厄尼的愚蠢也不同。他们喜欢苏斯博士作品中的节奏和韵律，但这种喜欢是与作者的奇思怪想和色彩丰富的插图分不开的。如果没有这些色彩，孩子们就不会如此印象深刻。

孩子长到3岁后，便进入幽默发育的第四个阶段。在这个阶段，不仅身体和语言的不和谐性，概念的不和谐也会使他们大笑不止。比如，一个3岁的孩子把一只瓶子放在嘴中并不可笑，但爸爸这么做就太可笑了。然而，如果一个陌生人也想以此来逗他笑，那他就会焦躁不安，甚至大哭起来。孩子们心中有一个标准线，能区分什么事什么时候可笑，什么时候则不，而什么时候又是个威胁。这也解释了孩子对小丑所怀的矛盾心理。他们第一次当面看到小丑的古怪动作时，会觉得有些离谱。电视节目、电影中的小丑和马戏团中、生日晚会上捏人的面颊、把大鼻子黏到人脸上的小丑所处的背景是不同的。孩子只有学会把小丑放到现实生活这一"活生生"的背景中，才会觉得它有趣而不是威胁。

幽默感发育的第五个阶段开始于5—7岁，孩子这时的语言能力更强，渐渐明白许多词语有多种不同的含义。5—6岁的孩子开始讲有双重含义的谜语。

看着孩子进入这一阶段，努力掌握谜语的内容，真是有趣。几年前，我想看看不同年龄孩子幽默的发育情况，见过一群不同年龄的孩子。6—12岁的孩子每个人都有许多笑话要讲，而只有5岁的亚历克丝，一个总是笑着的小女孩，给我的印象最深。身边有这么多大孩子，她显得非常兴奋。在没有轮到她讲笑话之前，她就把小手高高举起来，足有15分钟之久。

终于轮到她了。她兴奋得眼睛发光，笑嘻嘻地问我："笨蛋对我说了些什么呀？""我不知道，"我回答，我惊喜于她那很有感染力的兴奋情绪,觉得似乎整个房间都熠熠生辉了。"你吃我的糖了吗?"她又笑着问。

"这是什么意思?一点意思都没有,一点也不好笑。"一个9岁的女孩带着满脸不屑对亚历克丝说道。"不,这很有意思。"亚历克丝反驳道,兴奋情绪丝毫不减,又重复一句:"你吃我的糖了吗?"

"她太小,不知道自己在说蠢话。"一位11岁的男孩忍不住说道。亚历克丝的情绪一点儿也不受影响,仍然重复着她那句妙语,仿佛在说:"不管你们怎么想,只要我认为有趣就要坚持这么说。"

亚历克丝的笑话表明,她明白了语言幽默这一形式,但对内容却并不理解。毫无疑问她在重复以前听过的笑话,但记错了其中的一两个词,她还无法理解是词语的一词多义性使笑话具有了可笑性,因而单纯地以为你不懂,便是你自己的问题。她的笑话被研究者们称作"谜前"笑话。

孩子进入小学时代以后,转而迷恋现成的谜语,许多孩子为能记住许多谜语和笑话而颇感自豪,经常可以看到,全班同学比赛讲笑话,看看谁知道得多(比如"笨蛋""敲敲门""小鸡为什么走马路"等等)。

在这所谓的"潜伏期",笑话和谜语也成为孩子对性和攻击性的基本动力表示兴趣的工具。许多孩子是通过问一些自己理解不了的性笑话而开始最初的性教育的。不幸的是,笑话、谜语有时也被用来表达敌意和侵犯性,比如取笑某个种族、某种伦理道德、某些团体等，有些玩笑甚至能造成现实生活中的悲剧。

进入中学（10—14岁）以后，孩子的认识能力已经成熟，能够看出象征意义上的不和谐性，也就是在这个年龄段，双关语和双重含义使形式变得更加复杂，尽管内容不一定发生变化。比如，一个11岁的学生问老师："锅与便桶有什么区别？""不知道。"老师回答。"那么，我不会去你们家吃饭了。"

该年龄段的孩子也会用幽默来对付成人或其他孩子。瘪四与大头蛋，两个虐待狂、饱受性挫折的卡通人物的流行，就是孩子们利用幽默疏远成人价值观和道德准则的例子。7—8岁的孩子，在班上装小丑，用胳肢窝弄出放屁声或手上被划了个小口子便假装晕倒在地，因而常常被叫到校长办公室。他们的这些行为破坏了班里的秩序，对老师不尊重，也就是对权威的一种蔑视。对成年人来说，这些恶作剧式的幽默是很令人不快的，但它们却是孩子成长过程中一个自然而然的部分，通过这种恶作剧他们能测试权威的极限。到11年级，在学校表现幽默的孩子便更有可能将幽默与积极的课堂行为相结合，从而被视为具有领导才能。

和其他情商技能一样，幽默本领因人而异，有些孩子较他人更幽默些。然而每一个孩子都能同等地享受幽默，并用以获得社会承认，应对无法避免的心理矛盾和焦虑感。你可以鼓励孩子和家人的幽默感，它不仅可以使家庭气氛和谐愉悦，同时还可以让孩子学会应付某些心理问题和矛盾。

如何培养孩子的幽默感

幽默能让你的孩子掌握许多办法，来应付生活中的压力和痛苦。幽默感可以使孩子在尴尬处境中不失面子，可以帮他对付愤怒情绪，委婉表达难以出口的意思。比如，我一位朋友9岁的女儿未被邀请参加学校举行的圣瓦伦丁节舞会。当母亲问她是否心情不好时，她装作轻松风趣地说道："噢，太可怕了。我不得不退掉特别设计的衣服，回掉预约的高级轿车。"

作为父母要鼓励孩子讲笑话，在困难中发现幽默。笑话能表达人的好恶，孩子可以用幽默来表达对他人的正面或负面情感。

你怎么会愚蠢到吃眼镜？

如果有芥末就好了……我会去弄点来。

我们经常低估了孩子的幽默感，它是一个很有价值的社交技能，也是应付许多人际关系矛盾的重要办法。

孩子经常用笑话来保住自己的社会地位。人们不难看到这样的情景，两个孩子悄声说笑话，不让别的孩子听见；有时一个笑话会被当成高级机密，在孩子王之间流传，绝不会告诉"低等级"的孩子。事实上，当某个孩子被告知一个笑话的内容时，便意味着他得到了他人的接纳。

"愚蠢"地玩

鼓励孩子幽默感的最简便有效的方式，就是玩。孩子们都喜欢完全忘我、看上去很愚蠢的游戏，如打水仗、食物大战等等。总之，你应该鼓励他们尽情地玩，就像鼓励他们努力学习一样，当然要把握好时间。

讲笑话时间

在家里要留出一段时间，全家人一起讲笑话和谜语。可以在星期三晚饭后、周一早饭时（用幽默来开始一周的生活）、定期的汽车旅行中或家庭会议之后，只要大家方便就行。讲笑话时，要记住幽默感在心理学上的重要作用：减轻压力，增强凝聚力，解决困难和矛盾，应付特定的恐惧、忧虑等。

可以从书店买数十本儿童笑话图书，家庭成员一周记下一个自己最喜欢的笑话。如果能讲有趣的故事、作诗、画幽默画则更好。自我创造幽默是培养幽默感的最佳方式。把这些"讲笑话时间"录下来，5年后你会从中得到无尽的愉悦。

向孩子展示你的幽默感

当你感到压力、精神紧张时，在孩子面前展现一下你的幽默感，比如在争论中插个笑话，对账单做个鬼脸等。

帮助孩子区别敌意的和非敌意的幽默

幽默感经常被用来表达攻击性，甚至是残酷性。帮助孩子区别敌意的和非敌意的幽默，有助于培养他的容忍力和尊重他人的品质。孩子必须了解一点，幽默可以和打、踢一样伤人，甚至更加厉害。别人的种族、宗教信仰、伦理观、相貌以及身体残疾等，是不能取笑的。如果孩子开了这方面的玩笑，不仅不应该鼓励，还应该借机和他一起讨论偏见、歧视和透过于人的问题。鼓励孩子了解自己的愤怒情绪和霸道心理的源头，鼓励孩子尊重他人的感情。

小丑随时存在

害羞和孤僻的孩子会更加愿意学习如何充当小丑：穿上小丑的衣服，脸上化装成小丑的模样。使孩子完全变成另外一个人，这能鼓励他们变得外向一些。一般来说，小丑是不说话的，因而内向的孩子也不必担心说不出话来。教孩子装成小丑的最好办法，莫过于你自己扮演小丑了。设计一个小情节，和孩子一起尽情玩耍，互相追逐，一屁股坐在地上……玩得越显愚笨越好。孩子也可以一起扮成小丑玩耍，你可以看看他们是否能"设计"10至

15分钟的小丑动作。

有的孩子天性喜欢小丑,愿意在晚会上、在医院或保育所里扮演小丑。要想日后成为小丑演员,最有指导意义的便是图克·皮平的《当一个小丑!迅速成为小丑最新指南》一书。它教孩子们如何化装、如何做装饰品、如何表演幽默哑剧等等。皮平的小丑原则第一条就是:"不要做得像个小丑,而是要当小丑。"

需要牢记的情商要点

- 幽默是一个重要的社交技能。
- 幽默是人类(无论成人还是儿童)最受推崇的品质之一。
- 尽管孩子们讲笑话和使别人发笑的能力因人而异,但每个孩子都有欣赏幽默的才能。
- 在不同的年龄,幽默的作用也不一样,但它在你的一生中,自始至终都有助于你与人相处,应付一系列问题。

第十四章
交友：出乎想象得重要

西格蒙德·弗洛伊德的学生哈里·沙利文非常重视人际关系对孩子性格发育的重要性。他认为孩子的性格发育与他的人际关系总和是相等的。当然，孩子的人际关系首先开始于与父母的相处，但也包括同龄人对他的深远影响。

孩子到七八岁时，开始脱离父母的影响，越来越看重同学和朋友对他的喜欢、赞成和支持。尽管他的感情食粮理所当然地要从家里汲取，但从朋友身上也能得到意外的源泉。而通向这一源泉的桥梁便是孩子的情感和社会技能。沙利文认为，儿时的友谊影响孩子的交友习惯、自尊心等，其程度几乎相当于父母的抚育和爱。相反，如果孩子失去朋友，或者不被同伴接受（尤其在上小学时），那么即使日后取得很大成功，也终生会有一种不安全感和不满足感。

42岁的哈维已经很成功了，他是一名受人尊敬的整形外科医生。尽管一周要工作7天，但他自认为婚姻关系"良好"。然而，妻子弗洛却把他当成"影子"，每周在他醒着的时候能和他相处的时间还不到4小时。哈维爱3个孩子，但承认对孩子们感到失望。他给了他们所有东西，包括他的智慧，可3个正当少年的孩子都不算是好学生，胸无大志，每天晚上玩到很晚才回家。

哈维认为自己没有真正的朋友，但比较喜欢几位同事，经常与他们一起吃午饭。他说作为成人，他并没有朋友，因为从儿时起就没有过真正的朋友。小时候，他身材瘦小，动作笨拙，经常遭到伙伴们无情的嘲弄，因而从小就学会了把感情藏在心底。少年时代，他学习异常刻苦，从来也没有与女生约会过。妻子弗洛是他在大学遇到的，且是他唯一的女朋友。有时他也觉得很空虚，但只要看到候诊室里挤满了人等着他看病，这种空虚感便无影无踪了。

当弗洛提出离婚，希望生活中有些快乐的时候，哈维觉得自己不能责备她。他知道，自己作为丈夫并不很成功，并设想离婚以后过单身生活，会让他有更多的时间从事自己感兴趣的研究项目，如果成功，那么他很可能当上部门主任，那么他的生活就会更有意义。

交友的技能在儿童期过后，就很难再学会了，它有点像游泳，对蹒跚学步的幼儿来说极其容易，但如果童年时代失去机会，等到成年后再学就比较难了。尽管孩提时代没有朋友并不注定成人后就会孤单，但我们也必须承认，有些情商技能的发育是有时间性的，正常的时间段过去后，相应的技能就会变得很难学会。

孩子如何交友

齐克·鲁宾教授在《儿童的友谊》中把孩子们学会交友的过程分为4个互相重叠的阶段。

1. 自我中心阶段，3—7岁。这个阶段的孩子经常把一起玩或仅仅离得比较近的孩子当成朋友，"最好的朋友"往往就是住得最近的孩子。不客气地说，这时的孩子寻找朋友就是为了有用：对方有他喜欢玩的玩具，或者有他不具备的特点，等等。一般来说，这个阶段的孩子往往更擅长主动进行社会交往，而拙于对其他孩子的示好做出回应。他会自认为，朋友和他所想的一样。当发现不是这么回事时，他便会烦躁不安。

2. 满足需要阶段，4—9岁。在这个阶段，交友过程更多地由利益决定。他会把朋友作为一个人，而不是根据其拥有的东西或住处远近来衡量。由于朋友能满足某些特定的需要，这时的孩子仍是出于自我需要而交友的。为了共享玩具或得到一块饼干，他们会成为朋友，但互惠不是主要目的。由于交友成了在家庭之外满足个人需要的一种方式，相同年龄的孩子会相互吸引，甚至会因为不愿意独自待着而与并不喜欢、小于自己的孩子相处。由于交友主要是为了满足眼前的需要，因而无法同时交一个以上的朋友，这时候你很可能会听到女儿和玩伴这么说："你不是我的朋友，朱迪才是。"

3. 互惠阶段，6—12岁。这一阶段孩子交友的特点是互惠和平等。这时的孩子已经能够同时考虑双方的观点，非常关心平等的问题，因此评判朋友时，就有了非常明显的比较：谁为谁做了什么。比如，邀请朋友来家过夜以后，必须要得到回请；送给朋友的生日礼物要和朋友送来的价值相等；哪天多带了一块甜食去学校，就会希望第二天多得到一块。也许正是因为互惠的关系，这时的友谊局限于一对、小团体或小派别，而且只是同性之间的关系。

4. 亲密阶段，9—12岁。孩子在这一阶段能够保持相当亲密的朋友关系。他们对朋友的表面行为不再注意，转而关心其内在素质和幸福与否。许多心理学家把这一阶段视为所有亲密关系的基础，认为这时的孩子如果不能找到亲密的朋友，那么到少年甚至成年后，也不会找到真正的亲密伙伴。这一阶段，朋友之间通过共享情感、分担问题、解决矛盾，会形成深厚的感情纽带，使人终生不会忘记。在许多情况下，这种友谊都能维持终生。

齐克·鲁宾写道："童年时代，每个年龄段友谊深浅的一个重要标志便是，相互间是否分享个人的私事或情感，而这些是不能告诉别人的。"治疗专家们一直认为，分享个人私事是发展令人满意的关系的基本要素之一，对保持心理健康很有好处。而分享个人私事（包括性行为的秘密）的深浅程度便是孩子衡量友谊的最重要标准。

詹妮弗11岁时，父母告诉她他们要离婚了。尽管她知道许多同学的父母离异了，但这个消息还是让她惊呆了，她甚至不知道自己的感觉，当有人问她这个问题时，她只是说"什么都感觉不到"。詹妮弗和其他孩子一样，第一次听到父母要离婚时，情感上不愿意承认,把它看成是发生在电影中的事情。

詹妮弗把父母离婚的消息只告诉了最好的朋友朱莉娅,她知道朱莉娅会替她保密的。她也告诉了次要的好友玛西娅,说父母准备分开,但还没有最后决定。她对称不上好友但比较喜欢的同学说,有件重要的事要发生了,而不说究竟是什么事。詹妮弗与最要好的朋友分享了自己最重要的秘密,而对一般朋友就有些保留了。通过这件事足以看出她与朋友之间友谊的深浅。

如何帮助孩子交友、保持友谊

帮助孩子建立友谊的重要性是毋庸赘言的,但父母经常不知道该如何去做。一旦他们明白了不同年龄需要不同的朋友,那么就不难决定他们自己该扮演哪种角色。

自我中心阶段

对年龄较小或内向孤僻的孩子,有一点很重要,那就是要设计一些活动,邀请性格相近或有共同兴趣的孩子参加。刚开始时,孩子如何相处是不重要的,重要的是他们有机会在一起了。一起玩电脑或搞体育活动都是很好的机会。即使是一起看卡通片,孩子也获得了一次重要的共同经历,为日后的社交技能打下基础。

如果你是单亲家庭,那么周末或假期中单独和孩子相处的时间不宜太长。孩子到了上学的年龄以后,就会更愿意和同龄伙伴相处。这时候你如果仍不断地出现在他左右,那么,对他并无好处。

满足需要阶段

一旦孩子喜欢和同伴相处,那么你就应该对他强化朋友的价值。你应该看重孩子的友谊,鼓励他们的交往。如果你的孩子对另一个孩子表示出正面的积极友情,即使你对对方有疑惑和担忧,也千万不要否定和诋毁对方。而且,孩子被他人取笑或欺侮后,会有一些负面情绪,此时你绝对不能火上浇油。不要鼓励孩子抱怨同学,否则会强化他的孤僻。你只要当个好听众就行了。

还有一点也很重要,你要起到带头作用。如果你没有朋友,那么孩子怎么能交上互相满足需要的朋友呢?经常和孩子谈谈自己的朋友、你们一起做的事、为什么朋友对你很重要等等。参加你和朋友的活动,可以让他亲眼看到你们如何相处,以及友谊对你的重要性等。

互惠阶段

孩子到了互惠阶段以后,许多父母都觉得自己的角色退化成了司机、晚会筹办人、银行账户保管者等,是孩子社交生活的旁观者。然而事实上,你的参与和支持会给他们以满足和安全感。当他们与朋友相处中,体会到酸甜苦辣五味俱全的感受之时,你的知识和经验就会使孩子大大受益。

孩子与朋友相处出现危机时,你或许会根据自己过去或现在的经历给他们提供一些教益。但请记住，不要给他们任何劝告，你对他的朋友的看法只是你个人的看法，不是孩子的，因此应该秘而不宣，这一点千万注意。应该让他们养成容忍他人的品格，忍受亲密朋友的不可避免的伤害，自己决定如何处理这些负面情感和经历。不管他们最后如何，是保持这份友谊，还是放弃它，寻找新朋友，都是正确的。只要不是就此避开同伴、离群索居就行。

由于这时的友谊第一次包含思想和感情的交流，因而孩子刚开始时会觉得有些困难。如果你的孩子经过几次努力后，总是不能交上新朋友，那么下面介绍的几种方法，可能会对你有所帮助。

比如，观看交友的视频，在用到某一技能时，你特别指出来，这样就能激发孩子按照这一方法去交朋友。或者，你可以和他玩游戏，用木偶或小雕像扮演各种角色。你还可以设计出5—10分钟的小品，模仿孩子可能遇到的各种问题，编排各种解决办法。这对于那些不隐瞒自己交友过程的孩子尤其有效。

亲密阶段

孩子有了来往密切的朋友以后，你的作用便是指导。确定与孩子年龄相适应的规则，灌输适当的价值观，鼓励孩子个人的成长和人际关系的发展。同时，这时的孩子对你的依赖日益减少，你一方面觉得是解脱，另一方面又感到失落，这是很正常的。

需要牢记的情商要点

• 拥有一个"好朋友"是孩子成长中的重要任务,这会影响他日后的人际关系。

• 尽管你不可能强迫孩子与别人相处,但可以用实例来告诉他,朋友在你的生活中所起的重要作用。

• 保证让孩子有机会掌握与年龄相仿者的交友技巧。

第十五章
在团体中发挥作用

孩子学会交友后，融入同性团体的能力便成为他构筑良好社会关系的第二支柱。孩子到了3—4岁时，便愿意加入群体。刚开始时，对性别无所谓，但到4—5岁，便开始倾向于同性伙伴了。

到6—7岁，孩子开始意识到，属于某一群体使他有精神归属感，可以增强自信心。他们会忠诚于这些团体，如"我们班""我们足球队""我们女童子军"等，但此时的团体还是完全由大人定义和组织的。由于孩子主要从团体中寻找玩伴，因而属于团体的身份可以和家庭一样具有社会意义。这个年龄的孩子如果搬到新地方，他要经历2—3个月的"见习期"，才能羽翼丰满，得到新群体的完全接纳，然后才能成为该群体中平等的一员。

孩子到7—8岁以后，便会自我定义自己的团体了，在大多数情况下，他们总是模仿（即使不是拙劣模仿）自己所看到的成人世界。

刚开始，团体的结构比功能更为重要。他们会组成秘密俱乐部，谁能参加谁不能，都有严格的规定，是排他性的，成员们会一心一意地选出主席、副主席等，确定会议时间、规章制度等。然而等团体结构基本确定下来后（如果可以这么说的话），孩子们就会发现,他们其实没有什么具体的事情可干,随即便把注意力转向别处。

9—12岁时,孩子对团体的兴趣空前提高,并且几乎全部是同性团体,当然团体内的谈话主题一概是异性。从这时到少年时代,团体的特点便是强烈地要求服从,这经常是对最残忍的社会排斥形式的赤裸裸的伪装。

让我们以我偶然间在一家餐馆听到的谈话作为例子。那是一个寒冷的冬日,我要了一份秋葵汤坐下来享用,旁边座位上坐着3个10岁左右的女孩子。没想到她们是"非朋克"俱乐部委员会的成员,而我正好能听到她们的谈话。顾名思义,"非朋克"俱乐部是拒绝那些打扮得像朋克的女孩子参加的。下面是她们谈话内容的一小段。

女孩A:星期五你见到玛蒂了吗?太恶心了,她简直像只猫。

女孩B:我知道,她太邋遢了,可能一个星期都没有洗头。

女孩A:她以为自己打扮得像谁呢?是不是以为自己很潇洒,在我看来,就像个脏脏的吸毒鬼。

女孩C:(哈哈笑着)她可能就是个吸毒鬼,我想她在南街与其他吸毒者一起注射毒品,然后和衣躺下,第二天连衣服都不换便去学校。然后又去注射毒品,爬到垃圾箱里找垃圾吃,回家后又和衣躺下……

女孩B：真让人恶心。

女孩A：你知道莎珑上星期穿的是什么衣服吗？

她们继续自己的谈话。

听着这段话，我心情很复杂。我很同情被她们取笑的女孩，我不知道她是否真是个社会弃儿，或者这纯粹是这几个女孩的捏造加上诽谤而已。我真为自己已经成年感到解脱。

争取团体接受

被同伴排斥在外会成为孩子一种最痛苦的经历。成人在被问及童年时代是"幸福"还是"不幸福"时，是否得到同伴接纳是最常被提及的决定因素之一。孩子如果得不到"一般的儿童团体"的接纳，会和你儿时一样感到痛苦。幸运的是，今天大家更接受多样性。如果孩子不能被主流团体接纳，他们还可以参加学校里的其他团体。多亏了比尔·盖茨等电脑奇才的成功，过去一度被看成"怪胎"或"书呆子"的人，也能获得较高的社会地位。一般来说，孩子在加入同伴团体时遇到的拒绝有两种类型：一类是因某种原因暂时被拒绝，一年内会被接纳；另一类是因为"性格不同"，且在一年甚至更长时间内被拒绝。

第一类的学生被视作"外人"，因为他们一般都是刚从外校转来，因为身体疾病或文化背景不同而被暂时拒绝。一年以后，他们就会被同化，他们与同伴之间的区别甚至会被视为优点。第二类孩子则因为性格上不可改变的原因而被同伴拒之门外，所以他们会变得或者极端内向,"离群索居,极其害羞",或者极端外向,好勇斗狠,极富侵略性,脾气暴躁,好与人竞争,飞扬跋扈等。

如果没有大人指导,第二类孩子随着年龄的增长会越来越走向极端。内向的女孩会几天不出房门一步,在学校拒绝和任何人(包括老师)说话,少年时期便会患上严重的抑郁症,甚至走向自杀。侵略性、破坏性强的八九岁男孩,到10—11岁时,会被看成是社会败类,随着身体发育成熟,其他孩子甚至包括成人会将他们视为威胁。他们会变得非常孤僻,郁郁寡欢,沉浸于暴力和报复性行为的幻想之中,也会与同类孩子结成一伙,成为与社会格格不入的人。

不管出于何种原因,被同伴摈弃的孩子与其他孩子相比,辍学率高出2—8倍,更易走向少年犯罪,更易习惯性酗酒或吸毒。所以父母对这一问题应该高度重视。

孩子不被同伴接纳怎么办

如果你的孩子找不到朋友,不管是出于上述哪种原因,你都会和他一样感到痛苦和无助。你甚至会过度认同孩子的孤立,把世界分为"我们"和"他们"两极。这种"你和我一起对付这个世界"的想法,刚开始时会让你们双方得到一种安慰,孩子甚至会感觉到解脱和轻松。但是,这些都是暂时的,如果他不能学会如何成功地进入同龄人的圈子,便不可避免地会一再遭到同伴的摈弃。所以这时候，你不应该强化孩子的失败和无能感，而是应该帮助他掌握必要的情商技能，使他成功地被同伴接纳。下面便是几条具体建议。

你自己加入团体，给孩子做个榜样

你作为榜样的力量以及对孩子所产生的影响，怎么估计都不为过。如果你自己消极对待各种活动，那么就该好好考虑参加活动对你和孩子的好处。孩子会看出你的态度，而这点对他会产生很大影响。如果父亲喜欢垒球运动，经常穿着运动衫在屋子里走来走去，并且带着孩子一起参加，孩子肯定会受到感染。相反，如果父亲勉强加入了"父母—老师协会"，每次开会都抱怨不停，并且嘲笑其他孩子的父母如何无知，那么孩子不可避免地会对协会产生负面印象。

当然，要想让孩子充分了解团体的价值，最好的办法便是带孩子一起参加。费城保留了一个很好的传统——邻里俱乐部，每年大家一起举行化装游行。往往是一家几代人同时参加，一起制作服装、演奏音乐、排练小品等，从中享受无尽的快乐。对费城居民来说，俱乐部实际上形成了一个社会网络，几乎和家庭一样重要。

几乎每个社区中都有教堂团体、户外活动团体、业余爱好团体，父母和孩子可以一起参加。

让孩子在家庭中充当角色

孩子参加的第一个团体便是家庭。尽管家庭与孩子的同伴团体不一样，但可以为孩子学会社交技能铺平道路，孩子还不必担心会被拒绝。家庭会议就是一个很好的机会，家人可以表现得像一个明确的团体，孩子也能有机会扮演不同角色。比如，会议主题是计划旅行，孩子就可以发表意见，对其意见也应该加以考虑。当讨论某个星期六下午干什么事时，孩子可以担当主持人，集中其他人的意见，主持投票，宣布结果等。所以，定期召开家庭会议是很重要的，最好一周一次，以便让孩子学习社交技能。如果只在出现大事时才召开家庭会议，这时每个人都不冷静，孩子也学不到正常的社交本领。

鼓励孩子参加特定团体

孩子7—8岁以后，应该鼓励他们尽可能参加各种类型的团体。你也许希望他参加比较大的团体，如男童子军、女童子军等，但研究表明，那些在学校里被同学拒绝的孩子在这些团体里很少成功，仍然不被同伴接纳，但是，他们却更容易与范围比较窄的团体融为一体，如以某项技能、兴趣爱好、交流指南、社会服务等为基础的特定团体等。这些有主题的团体成员在个性、兴趣和社会技能方面更有可能处于同一水平，因而彼此更容易相处。这些特定团体包括：

以特定技能为特点的团体：运动队、乐团、弦乐队、计算机俱乐部、围棋俱乐部、喜剧俱乐部、舞蹈班、艺术俱乐部等。

以兴趣为特点的团体：业余爱好团体、非竞争性体育俱乐部（如自行车俱乐部等）、宗教青年团、自然科学班、人文科学班等。

社区服务团体：邻里"大扫除"团、附属于成人组织的团体（如美国狮子俱乐部等）等。

为有严重社交问题的孩子寻找训练团体

有严重问题，不能加入某一团体的孩子往往缺乏本章讨论到的某种特定的社交技能，需要在特定的训练团体中才能学会。许多学校都有培训项目，可以提高孩子的社会敏感度和社会意识，让他们注意自己的行为会对他人产生什么影响。这些团体都由经过训练的老师或顾问领导，进行系统的技能训练，并会强调将技能应用到更广泛的学校环境中。

孩子头几次加入团体时，更注重形式而非内容。但这些形式可以教会孩子终身受用不尽的技能，在日后的工作中会非常有用。

心理学家戴维·格雷蒙特认为,在社交技能训练项目中,必须模仿实际生活环境,给孩子布置能够自我操作的家庭作业。下面便是家庭作业单:

社交技能训练家庭作业单

姓名_____

日期_____ 时间_____

活动内容_____

我正在学习的技能(活动之前即填上,活动结束后再勾选小步骤)

_____

_____

     小步骤内容   做过与否

A._____ _____

B._____ _____

C._____ _____

D._____ _____

为所做的事打分

从1分到5分打分(1分的程度最轻,5分的程度最强)

A. _____我觉得很有意思

B. _____我觉得自己是团体的一员了

C. _____我用了新学会的社交技能

D. _____我还想再做一遍

我学到了哪些不一样的东西？

_____

_____

下次作业我做什么？

_____

_____

格雷蒙特强调，正规训练项目完成后，后续项目也是很重要的，它们能让孩子们谈论没有解决的旧问题和出现的新问题，并让他们愿意继续与团体成员保持某种联系。

这种社交技能训练项目只对有严重社交问题的孩子适用。一般情况下，你可以帮助孩子交友，在数次努力均告失败，你已经毫无办法的情况下，可以求助这些训练项目。你可以同学校老师和辅导员谈谈，询问有关具体情况。

需要牢记的情商要点

- 与同伴团体相处，是孩子发育过程中的重要一步，将会影响孩子进入少年和成人后的人际关系。

- 你虽然无法强迫孩子与他人相处,但可以通过以身作则告诉他,朋友在你生活中所起的作用。
- 确保你的孩子有机会与年龄相仿、兴趣相近的同伴相处,以便他掌握与同伴相处的技巧。

第十六章
彬彬有礼至关重要

孩子与成年人,尤其是权威人士相处的能力,是社交技能的一个重要内容,也是极受推崇的情商品质。尽管美国的父母承认彬彬有礼对孩子至关重要,也欣赏那些懂礼貌、关心他人、"社交优雅"的孩子,但并不像其他国家的父母那样重视培养孩子这方面的能力,因而孩子往往缺乏礼貌,不尊重成人。

美国人从历史上对礼貌的态度就是矛盾的。高度容忍举止粗鲁的孩子是我们民族遗产的一部分。我们的先辈不就是衣衫褴褛、脾气暴躁、自命不凡、对贵族和乔治三世国王的规矩和正统不屑一顾的英国"孩子"吗?试着说一位因举止得体而闻名的美国英雄或民间英雄。丹尼尔·布恩?卡拉米蒂·简?西奥多·罗斯福?阿梅莉亚·埃尔哈特?我们喜欢的英雄的标准非常宽松,只要敢说敢做,诚实有道德,再加上一点鲁莽激进就行,他们有礼貌吗?事实上在他们看来,甚至提一下"礼貌"两字就显得"女人气"。但是我们不能不承认一点,当遇到有礼貌的孩子时,我们会积极地响应他。相反,遇到举止粗鲁、事事以自己为中心的孩子,我们会消极地对待,甚至厌烦他。这就说明,行为举止至关重要,重要程度远远超出我们的想象。

1996 年 2 月,《美国新闻和世界报道》在美国所做的一次民意测验表明，90%的人认为，缺乏礼貌已经是个严重问题，78%的人认为过去10年中全民礼貌程度大大下降，超过80%的人认为，缺乏礼貌是一个更严重疾病的征兆，正分裂着我们的民族。

即使了解礼貌的重要性，我们也没有用行动去教孩子最基本的礼节。现在的孩子很多对父母不礼貌，对老师缺乏尊重，对同学态度粗鲁。

约翰·马克斯在为《美国新闻和世界报道》所写的调查文章中，举了亚拉巴马州一所中学的例子，人们可以窥一斑而知全豹，由此想象美国全国的情况。

> （该学校）位于中产阶级住宅区附近，学生种族混杂。遇到生人，学生们一般不开门，或者不和他们说话。如果站在走廊上，不是推人就是被人推。一位高年级学生这样说道："如果你正好站在过道上，有人要从你身旁过去，你最好挪一挪。否则，他们会把你推倒，自顾自地走过去。"

不幸的是，心理学界也受到这种文化矛盾性的影响，还不能用社会学范畴来识别这一矛盾，甚至于加深了它。在过去的几十年中，从本杰明·斯波克1945年的经典著作《婴幼儿保健常识》开始，到20世纪六七十年代人本主义心理学的流行，心理学家和教育工作者们倡导以孩子为中心的养育方式，强调要使孩子"自我感觉良好"等，从而在全美掀起了一股自尊心运动浪潮，但现在我们意识到，自尊心运动过于强调"自己"了。那些被过分视为中心养大的孩子，都成了自我中心者。

好的举止似乎也不是心理学界关心的问题。在写作本书前，我在电脑上搜索了一下心理学著作，以"礼貌"和"孩子"为关键词，电脑上却显示"没找到"。而礼貌的反面"不顺从"出现的频率却很高，这是接受咨询帮助的孩子的普遍问题。那些根据美国精神病学协会的标准，被诊断为"破坏性紊乱症"的孩子几乎占门诊病人的50%，他们一般表现为目空一切、粗鲁无礼、好与人对抗等。

就情商而言，有礼貌、尊重人、谈吐优雅，这些品质的重要性是怎么说也不过分的。数十年中无数次研究证明，老师喜欢的孩子往往除了成绩好，在学校也很积极。事实上，是否教出了"举止优雅"的学生已成为评判老师教学质量的重要标准。

如何培养有礼貌的孩子

要培养有礼貌的孩子，就要对他们的举止行为规定一个标准。即使你觉得标准已经定得够了，也还是要再严格些。记住，你是在逆社会潮流而进。在任何情况下都不要容忍傲慢无礼、粗鲁庸俗的举止，任何情况都不是借口。

如果你确实准备培养孩子的这一情商技能，也要让自己经受这一考验。下面的表格可以帮助你了解别人对你孩子举止的看法，复印几份，至少找5个人（包括父母、叔婶、家里的朋友、兄弟姐妹）填一下，也让孩子填一份。然后算出平均分，50分为满分，35分以下应引起重视。

行为举止测试表

给下面的每种行为打分（1—5分）。标准如下：5分 = 总是，4分 = 大多数时候，3分 = 有时，2分 = 很少，1分 = 从来不。

	得分
准时	_____
彬彬有礼	_____
饭桌上行为得体	_____
不顶嘴	_____
不打断别人说话	_____
把"请"和"谢谢"挂在嘴边	_____
收到礼物后，写回谢条	_____
耐心等待轮到自己	_____
随时随地体贴照顾人（如替人开门等）	_____
尊敬和关心他人	_____

如果你孩子的得分比你想象得要低，那么请记住，礼貌体现在具体行为之中，通过纠正孩子的日常行为可以使他改起来更容易些。

刚开始时，制订一些规则，贴在孩子容易看到的地方。比如：

1. 见到成年人时，要打招呼，说"你好"。
2. 被介绍给陌生人或不太熟悉的人时，除打招呼外还要握手。

3. 别人不管为你做了什么，哪怕是极细微的小事，都要说"谢谢"。要看着对方，清清楚楚地说出来，让他知道你的诚意。

以上列举的只是极小部分的内容，你还可以列出数十条适合孩子的要求，但刚开始只要列出3—5条最重要的，不能太性急。孩子一次只能学习一点。

一旦在家庭中确立了礼貌的要求，要表扬和称赞好的行为，遇到不好的行为，则要立刻予以批评和指责。在给出的要求孩子都做到之后，再换上几条新的。对于有的孩子，你需要用这种方式坚持一段时间，而有的则不需要。孩子的观察能力极强，都想取悦父母。如果你的规定清楚明了，又以身作则地坚持和贯彻它们，那么孩子会很快学会并习惯的。

需要牢记的情商要点

- 现在全国上下都在呼吁文明举止。孩子的行为举止就是别人评价他们的标准。只有你才能培养孩子的好举止。
- 文明举止是很容易学会的一种技能，并会对孩子日后的成功产生深远的影响。

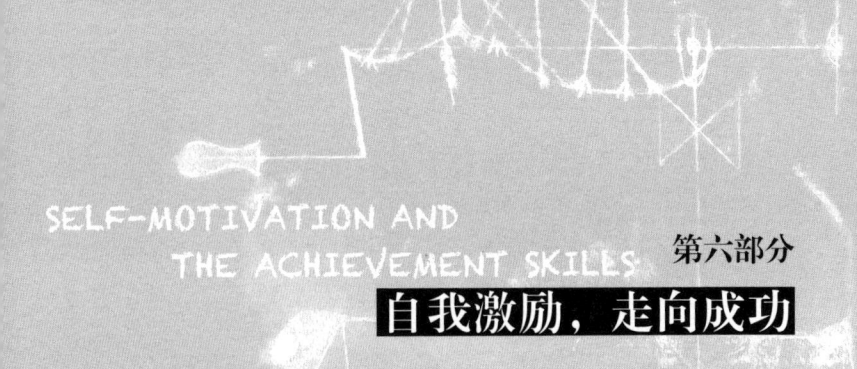

SELF-MOTIVATION AND
THE ACHIEVEMENT SKILLS

第六部分
自我激励，走向成功

能够自我激励的人便能够面对困难，也渴望克服困难。对大多数人来说，自我激励便是辛勤工作的同义词，而辛勤工作又使你走向成功，带给你自我满足。

美国人对自我激励、勤奋工作的颂扬，是由15、16世纪移民美洲的清教徒及其他宗教团体确立的。他们相信，今生的努力工作和自我牺牲能换取天堂中的安宁与幸福，而西部广袤的土地更吸引了满腔雄心壮志的男男女女，他们渴望在新的大陆上获得财富，提高社会地位。尽管他们的动机各不相同，但他们共有一种精神：由顽强的决心和自强自立精神所组成的先驱者的精神。

工业革命又把自我激励推上了美国美德的"十佳"位置。美国人用发明创造和技术革新领导全世界迈上了新的台阶，他们开始崇拜自己创造的机器了。这些由钢铁锻造、零件组合的复合体，能够同时干几十人的工作，从来不需要停下来喝杯咖啡稍事休息。

然而，机器都缺乏成功的感情因素：心灵、激情、克服困难的精神和勇气，而这些是与伟大成就分不开的。很显然，只有人类才具备这些高贵品质。

战胜困难

成功的情感特质给我们带来了真正的满足,这种满足甚至远远超出了成功本身所带来的。那些需要克服常人难以想象的困难而获得成功的人,最能完美地体现自我激励和坚强决心的精神力量。我们可以找到无数这样的例子:身体残疾者成就常人难以成就的事业,成为众人钦佩的明星。比如,汤姆·邓普西,生来就没有右手手指和右脚脚趾,却为新奥尔良圣徒队踢出了打破纪录的63码射门。有些名人则克服了不太明显但同样严重的学习问题或早期学业失败。很多人知道阿尔伯特·爱因斯坦小学时学习数学有障碍,其实一些世界著名运动员,如布鲁斯·詹纳、魔术师约翰逊,演员如雪儿、汤姆·克鲁斯,科学家如医生哈维·库欣,甚至著名政治家温斯顿·丘吉尔、纳尔逊·洛克菲勒等都曾遇到过不少困难,但他们最终战胜了困难,取得了辉煌的成功。这些了不起的人和事,真是不胜枚举。

他们是如何自我激励,获得出人意料的成功的?你怎样才能培养孩子掌握这些技能,从而使他们获得成功,实现自我?我们只要从孩子的发育过程了解了自我激励的内涵,这些问题便不难回答了。

自我鞭策的源泉

和其他情商技能一样,了解和控制所处环境的能力也是天生就具备的。婴儿刚刚呱呱坠地,就对外部世界感到好奇,并努力想了解。如果你把手指放在婴儿掌心，他就会马上抓住。扶他坐起来，他的双眼就会突然张开，像玩具娃娃。扶他站起来，他会本能地迈腿。所有这些都说明，他天生就有掌握环境的欲望。从翻身、坐起、站立，到走路和说话，他会不懈地追求一个又一个目标。

但孩子到了7—8岁，功课变得日益繁重时，就会出现一些问题：他们对学习和发现不再感兴趣，天生的自信心渐渐消失，却过分看重别人对自己的评价。

如今的孩子小小年纪，什么也不会，却异常骄傲自满，颇让父母和教育工作者们感到头疼。有些学生更是因为缺乏自我激励的精神，导致了许多性质严重的问题，比如，使用毒品、酗酒，以及肆意破坏公物，等等。

半个世纪以来，研究者们一直在思考这样一个问题：为什么有人富有自我激励精神，而有人却相当缺乏？他们也提出了一些培养自我激励精神的具体措施，我在下面三章中要详细论述，要点为：

- 教会孩子期待成功
- 为孩子提供机会，让他们掌握周围的世界
- 使教育与孩子的兴趣、学习方式相结合，相适应
- 教育孩子看重坚持不懈的价值
- 教会孩子如何面对困难并克服它

第十七章
期待成功

在学校里,林肯第一次有机会与别家的孩子相处,并互相斗智。他总是戴着浣熊皮帽,穿着太短的鹿皮裤,由于比同学们都高出一头,裤子又太短,因此,他的一位同学这么回忆道:"他的腿总是有一部分露在外边,足有六英寸长,瘦骨嶙峋的样子。"但他对这些全然不顾,一声令下便能把同学召集起来,互相说笑话、讲故事、做计划,几乎刚一进校他便成了学生们的头领。同学们羡慕他讲故事、作诗的能力,也喜欢听他演说。在同学眼中,他俨然是天才,他虽然在校时间不长,但却得到了作为一个男人的自信。

——引自大卫·赫伯特·唐纳德著《林肯传》

有自我激励精神的孩子期盼成功,也会为自己确立很高的目标。相反,缺乏自我激励精神的孩子目标有限,用心理学家马丁·考文顿的话说,就是"在轻而易举获得成功的最低水平线上"看待自己的目标。如果某个孩子认为自己的水平只够得上"C",那么就不可能得到高分,他自己也会有意无意地朝着平庸靠拢,不论其智力水平如何。

孩子们的自我期望开始于家庭。在对美国学生数学、科学测试水平低于国际平均水平的问题进行研究的过程中，哈罗德·斯蒂文森等与1500名来自日本、美国和中国的一年级和五年级学生及他们的父母进行了交谈，发现孩子的智力水平都差不多，而父母的兴趣和期望却有天壤之别。中日两国的父母对孩子期望值很高，在日常生活中很重视教育，孩子也渐渐把这些期望变成内在动力。亚洲父母不仅在学习上要求高，对孩子的学习能力、认知水平及个性发展也比美国父母更为实际，更强调努力工作的重要性，而美国父母却更加注重孩子的天生能力。

许多美国家庭对孩子期望也很高，但还是很不够。而且，没有父母的表率作用的支持，期望值高也是句空话。由于我们相信愿望总是会实现的，因而想通过赞扬孩子来培养他们的自尊心（比如：看着孩子画的画说："这是我见过的最不可思议的一幅画！"等）。但过分赞誉在培养孩子自信心方面却只会起负面作用。如果我们不加区分地赞扬孩子做的每件事，那么他们就不会实际地评价自己的能力，于是在进入学校以后，到了更富竞争性的环境中，他们就很容易感到沮丧。

我们如果真正希望孩子获得成功，就要通过言行表现出来，这种言行的表现又反映了文化的差异，尤其是在学校。比如，日本学生每年比美国学生在校时间多出60天，平均每天家庭作业时间是4小时，美国学生家庭作业时间则平均每周4小时。尽管美国人一直在谈论要延长学年，提高标准，但并未付诸实践。我们实际帮助孩子的时间可能正越来越少。

下表可以帮助你让孩子明白学习的重要性。检查一下，看看你已经做到了哪些，还能再做些什么。

让孩子明白学习价值的活动表格

_____ 每天晚上都有阅读时间，全家人坐在一起，静静看书。

_____ 定期玩能促进孩子语言和推理能力发育的棋类游戏。

_____ 鼓励孩子阅读书籍，讨论当前重大事件。

_____ 晚上讨论孩子新学习的内容，并想出跟进办法。

_____ 定期去参观博物馆、图书馆、历史遗迹。

_____ 给予家庭作业优先权（比如，做完作业才能看电视）。

_____ 订阅适合孩子的杂志。

_____ 带孩子去你工作的地方或其他他感兴趣的工作场所。

_____ 使孩子在夏季假期期间继续学习。

掌握环境

心理学家马丁·塞利格曼认为，提供机会让孩子掌握环境，便能最好地把我们的期望传达给孩子。比如，让孩子自己找答案，而不是把答案直接给他，或者让他自己挣钱买自行车，而不是让他等着生日时收礼物。这是在向他传达一种信息：他可以依靠自己得到自己想要的。

塞利格曼在研究过程中，发现人和动物一样，在遭受挫折后会变得没有动力，沮丧失望。他认为，为孩子提供机会，让他们自己寻找答案或自己攒钱买喜欢的自行车等，能增强他们对自己的信任感。他们会明白，自己的某一特定行动会得到某种预期结果，通向成功之路是靠他们自己的坚定决心和坚持不懈的努力构筑的。

许多父母错误地认为，掌握环境就是掌握某项新技能，因而会疯狂地让孩子多学些课外课程，比如钢琴、足球、空手道等，弄得孩子忙乱不堪，疲于奔命。具有讽刺意味的是，这样反而不利于孩子掌握通向成功的技能：过分被外界因素控制反而使孩子失去内在动力。从心理学概念来看，掌握是指内在的操纵感，即理解、整合并有效应对自己所处环境的能力。掌握环境是自我激励精神的重要因素，也是成功人士最显著的特点之一。

为孩子提供机会，让他们为自己订立目标，便能给予他们此种操纵感。在一次提高差等生数学成绩的试验中，研究人员问参加者一个问题：在每周数学小测验中，自己认为能正确回答百分之多少的问题？然后研究人员根据他们估计的准确度而不是实际表现评分。显然是由于这种有意识的操纵，这些孩子的成绩在一个学年中提高了三个档次，因为他们突然意识到，做学校作业和家庭作业是达到自我设立的期望的最保险方式。

让孩子掌握自己的世界

培养孩子掌握和有意识地控制自己的世界的能力，反过来会提高孩子的创造力和自我指导能力，从而使他们更加具有独立性。

美国中产阶级父母现在越来越倾向于对孩子付出太多，要求太少，这对培养孩子的自我激励精神和目的意识很不利。

其次，父母应该考虑一下，如何奖赏（通过表扬或其他方式）孩子独立干的事。有一段时间，父母被告知，不断地赞扬和注意孩子有助于培养他们的自尊心，然而却事与愿违。不管是在学校还是在家里，孩子永远是注目的中心，不管干什么事，都能得到肯定，他们就会觉得，学习不过是争取奖赏的过程。尽管在促使孩子做比较难的事情时，赞扬和外部奖赏有一定的作用，但过度强化这种做法反而毫无意义。强化必须在绝对不可缺少的情况下才能进行，切不可太多。

自我打分也可以增强孩子对自己在校表现的操纵感，从而提高他们的自我激励程度。当学生被要求和老师一起为自己判分，"最后"成绩是自己和老师给的分数的平均分时，两个分数一般来说都很接近。孩子们只要意识到自己的观点也能被当回事，那么就能更加在意别人对自己的评价。

该原则同样适用于家庭。你不应该只是机械地检查他的家庭作业，或者看看家务事做了没有，而应该要求孩子自我打分，1分代表事情没干好，5分代表事情完成得超乎想象得好。然后你告诉他你也要给他打分，以及你能接受的最低分，然后在事情完成之后，比较你们两个打的分。

你会很吃惊地发现，孩子参与对自己的判断以后，不仅干事速度加快，而且对自己干事情的方法也能做到胸有成竹。

还有一种方法也能增强孩子有意识地控制自己表现的能力，

那就是教会他如何确立和实现目标。比如，星期一，艾里克的老师布置写一篇读书报告，要求星期五交。如果让艾里克自己订计划，往往会在星期四晚上很晚才能完成。如果你为他订计划，督促他按时完成，那么就不利于他培养自我约束力。你可以教他如何确立和实现每天的目标。把任务分解成几个可操纵的小部分，也就等于成功地控制了时间，这样不仅有助于培养孩子的自我激励精神，同时也使任务由难变易了。

我刚当上心理学家时，曾经指导过一所多重残疾学校，学生包括聋哑人、盲人及20世纪60年代传染上流行风疹留下后遗症的病人等。在假期训练项目中，我们就采用了上述方法，把任务分割成一个个小步骤，分段完成。这些孩子们完成了别人想都不敢想的任务，比如，为美国航空航天局组装卫星电路板等。我们通过训练发现，许多看上去几乎无法实现的目标在被分解以后就可以完成了。比如一直受到父母无微不至照顾的孩子学会了穿衣、使用恰当的个人卫生物品，甚至学会了整理床铺。不要小看整理床铺，这个简单的工作需要200多个小步骤，但是孩子们一旦学会这些步骤，就可以独立整理床铺了。

下面特别设计出来的"一步步走向成功表"，能够帮助孩子把每件工作都分成几个小步骤，合理分配每个步骤所需时间，自我控制进度。如果你的孩子不到10岁，那他在遇到新作业或新困难时，你就应该和他一起，用这个表格帮助他学会恰当的工作和学习方法。孩子一旦掌握，就会受益终身。

一步步走向成功表

作业或任务内容:
_____
_____

把作业或任务按顺序分成几个小步骤:
_____
_____

设定每个小步骤所需时间及完成时间:
_____
_____

每完成一个小步骤,让孩子为其打勾。

小步骤	每个小步骤所需时间	是否完成
_____	_____	_____
_____	_____	_____
_____	_____	_____
_____	_____	_____
_____	_____	_____
_____	_____	_____
_____	_____	_____
_____	_____	_____

教育要结合孩子的兴趣和学习方式

11岁的大卫很聪明,但学习起来缺乏动力。他的父母,一个是学校顾问,另一个是一所大学的英语教授,而这些只能使他对学校更加不感兴趣。并不是说大卫不喜欢学习,事实上他极其喜欢阅读,从中能享受无限乐趣。但他喜欢读自己感兴趣的图书,还迷恋各种内容的科幻小说,以及南北战争、足球、地理方面的书籍,这些都不是老师布置的作业。大卫的许多朋友都是"C"等级的学生,老师认为他们能学好,因为他们对体育能说得头头是道,对全美足球联盟中每个运动员的名字、比赛成绩及排名位置了如指掌。然而,他们对期中历史考试中的第一个问题,即《大宪章》的签署日期却一无所知,这是历史课上重点所讲的内容。

孩子也和成人一样,如果觉得所学与自己的生活休戚相关,那么学习起来就积极主动得多。正因为这个原因,教育工作者,尤其是那些长期教授少数民族孩子的老师,一直在批评学校的标准课程。他们认为,如果孩子学的都是与自己日常生活无关的东西,那么他们怎么会自觉自愿地学习呢?所学内容的意义是决定孩子能否接受学习的关键因素。

心理学家杰弗里·萨克斯对生活在巴西市郊的孩子进行了研究,证明只要学习内容有意义,孩子是能够学会的。他见过的孩子都挣扎在贫困线上,迫于生活,他们在街道角落里卖糖果,以此挣钱来购买基本生活必需品。萨克斯发现,尽管这些孩子没有正式上过学,但却本能地创造了一套计算法,用来进行复杂的运算。比如,以什么样的批发价买来糖果,再以什么样的零售价卖出去,其间还要考虑到每年超过250%的通货膨胀率因素。

迄今,尽管没人因为学校课程与孩子生活不直接相关就建议将其取消,但却有越来越多的人在批评学校的教育方式。哈佛教授霍华德·加德纳便是其中较为著名的一位。他批评学校仍然依靠19世纪的教育理论教学。他认为至少有7个智能因素决定了人类的学习和表现,包括语言智能、逻辑—数学智能、空间智能、音乐智能、运动智能、人际关系智能、自我认知智能等,不像智商测试所暗示的那样存在一个普遍的智力因素。每个孩子都是在某个领域天生比较欠缺,但在另一领域很有天赋。无论孩子如何学习,大多数学校只教前两种智能,即语言和数学方面的能力。

加德纳的多元智能理论,似乎与特别孩子教育工程有关。这些工程是为一些对学习缺乏动力、退学或无法从正规学校毕业的孩子专门设计的,作为教育安全网的一部分,已经在全国范围内普及开来,其标准课程就是按照这一理论设置的。

康涅狄格州达瑞中学的"重塑教育"工程就是其中之一。苏珊娜·多兰老师带领9名学生研究第二次世界大战期间的一个作战班。孩子们把教室改装成战时咖啡馆,布置上体现战时气氛的艺术品。由几名有音乐天赋的孩子领头,写出了几首战前和战时歌曲。一天下午的一次演出把活动推向了高潮。学校的老师都被邀请到"咖啡馆"里品尝战时咖啡,"体验"战时气氛,他们从孩子们娴熟的社交技能表现中亲身体验到了该工程的意义。

多元智能理论强调通过亲身实践来学习的重要性，强调孩子通过参加社区活动、相关工程、不同年龄的孩子在一起、老师定期指导等方式来学习。现在全美的学校都在运用这一理论来扩大孩子们的能力。然而不足的是，能从这些工程受益的学生还为数很少，而且这种情况近期不可能改变。然而，无论教师还是家长，都能从这些工程中学到不少东西，至少能用其中的一些原则去帮助差等生。这些工程的最大优点在于，能够使人们根据不同孩子不同的天赋智力类型而设计相适应的教学内容，从而更能激发和满足孩子的好奇心，使他们学习起来更加主动积极。要不断给孩子分配一些集趣味性、惊喜与想象于一身的复杂任务，这样才能保持好奇心长盛不衰。

参与孩子的学习

只有一小部分家长会深入参与孩子的教育，但这样的家长人数似乎正在增多。比如，家庭教育运动中的家长不让孩子上任何学校，他们自己为孩子提供百分之百的教育。有强烈的宗教或政治信仰，认为学校不能达到孩子教育基本要求的家长最经常参与这项运动。然而，由家长满足孩子的所有教育需求是一个极端的情况，大多数父母都做不到。

如果与日本学校和家庭培养高水平学生的例子做比较，我们就会发现，美国的父母对孩子的教育不够重视，付出的时间太少。波士顿大学的梅丽·怀特教授是研究日本教育制度方面的专家。

她认为，从经济角度看，两国花在子女教育上的经费基本上是一样的，都相当于国民生产总值的7%，而且日本学校学生与老师的比例要比美国高得多（40:1对25:1）。让人吃惊的是，日本学校仍沿用传统的教育方法，以基本课程为主，技术课比美国少得多。两国最大的差别是，日本母亲视孩子教育问题为自己最重要的责任，而美国父母却更多地把教育视为学校的任务。这就是两种文化的关键差别所在。

当然日本全社会都不鼓励妇女工作，因而妇女可以一心一意地关心子女的教育，这一点美国不能照搬日本的做法。但对孩子的教育问题哪怕稍微重视一点，情况也会大为改观。比如，每天花1小时教育孩子，那么孩子的学习时间就等于增加了20%至30%，再加上孩子因此而受到你更多的注意，他们的学习成绩会以更快的速度提高。

参与孩子学习之初，要先熟悉情况，知道孩子在学校学了什么、没学什么以及用什么方法等。如果这方面情况没法知道，就应该去询问孩子的老师。老师根据课程进度标准，每天都有进度计划，你也可以要一份来，他们会很高兴给你的。根据这些计划，你可以清晰地了解某学科的学习目标、评判标准等。这样你就可以有的放矢，不会有无从下手之感了。

需要牢记的情商要点

- 对孩子的期望值要高，这样孩子的自我期望也会相应提高。

- 要求孩子勤奋学习，多花时间做作业、干家务、阅读书籍以及了解外部世界。
- 为孩子提供机会，使其掌握自己学习的方方面面。
- 教孩子如何分配时间、如何衡量努力的结果。
- 如果孩子上学后未能达到与其能力相称的水平，那么要与老师合作，把孩子的学习任务分解成数个小步骤完成。在为孩子确定目标、衡量进度时，允许他们有发言权，并通过艺术、音乐、实地学习等多种方式教育他们。
- 不要一味地责怪学校做得不够，你自己要在孩子教育问题上多花些时间。
- 网络为孩子提供了无尽的学习机会。

第十八章
坚持不懈，持之以恒

我们钦佩那些靠艰苦努力取得成功的人，但是父母和许多教育者都不知道，究竟应该如何培养孩子的勤奋刻苦、持之以恒、志向远大等情商技能。对父母来说，最麻烦最苦恼的事无非就是孩子对学习失去兴趣。而这又是全国普遍的问题。美国的文盲率持续上升，有17%的孩子没有读完高中。

> 坎贝尔夫人硬着头皮，去学校见女儿辛迪的老师。她知道辛迪学习不用功，对成绩毫不在意。她的老师认为她是在浪费自己很好的智力。
>
> 见面时，老师暗示，她女儿的问题在某种程度上怪他们夫妇俩。这使坎贝尔夫人更苦恼。他们还能干什么呢？夫妇俩求过女儿，也威胁惩罚甚至贿赂过女儿，但都无济于事。
>
> 他们俩最不能明白的是，辛迪怎么突然就变成差等生了呢？这太令人难以置信了。就在一年前，辛迪还很喜欢自己的老师，总是及时做作业，被誉为"模范生"。而现在，她情绪低落，经常逃课，成绩已从B+下滑到C-。对父母和老师来说，辛迪仿佛正在漂走，如何把她拉回来？没人知道。

辛迪的例子并不少见，许多孩子到十二三岁以后就开始对学习失去兴趣，不再受父母期望的影响。人们一般认为，这一时期的孩子成了荷尔蒙的奴隶（即异性占据主要位置，而学习退居为二），但发展心理学却认为，是认知变化导致十几岁的孩子对学习丧失了兴趣。

心理学家马丁·考文顿认为：孩子在认识努力与能力和成功之间的关系时，经历了 4 个认知阶段，它们极大地影响了孩子学习的动力。

阶段 1 学前和幼儿园时期的孩子会认为，努力与能力是同义词。他们相信，只要努力，在任何事情上都会获得成功。你或许还记得第一章中的高塔平台游戏，对 4 岁的孩子来说，要把平台拉上塔顶，保持台上的金属球不落下来，几乎是不可能的。但在数次努力失败后，每个孩子仍觉得自己会成功。

幼小的孩子不知道，每个人都有长处和短处，这是天生的。他们认为，如果一个人想在跑步或阅读方面出类拔萃，只要努力就行。马丁·考文顿举过一个例子，一名 1 年级学生认为"努力工作会让人脑子变大"，也就是认为努力可以使自己更聪明。这个年龄的孩子大多都相信自己能做任何事，根本不在乎失败。

阶段 2 6—10 岁的孩子开始意识到，努力只是成功的一个因素，还有一个因素则是天赋。但他们仍然很注重努力的价值。他们会认为在努力和成绩之间是一对一的关系，要成功就必须努力。

阶段 3 10—12 岁的孩子对努力和能力之间的关系有了更进一步的了解。他们开始意识到，加倍努力可以弥补能力方面的不足，而聪明的孩子可以少些努力。这个阶段的孩子大多对学校作业仍抱乐观态度，但有的开始抱怨作业越来越难，所需时间越来越长，如果没有指导和监督，这些学生就会拖延做作业或根本不做，渐渐养成坏习惯。

阶段 4 在大约 13 岁或进入初高中以后孩子的认知中，努力决定成功会渐渐让位于能力决定一切，因而他们把能力不够看成是失败的理由。这一阶段，差等生开始像流行病似地传染开来，越来越多的孩子对成功的可能性抱悲观态度。努力而没有取得预计结果便成为不再努力的借口，从而变得不求上进，满足于平庸。

虽然孩子在成长过程中会受到这几个阶段的影响，但个人的反应还是因人而异的。仍有许多学生养成了努力学习的好习惯，进入中学以后对学习的兴趣仍丝毫不减。和其他情商技能一样，孩子对学习的兴趣也是从小时候就要培养的。

如何让孩子看到持之以恒的重要性

并不是每个孩子都认为无论如何努力都不能保证成功，这就说明，你完全可以通过努力来保持孩子对学习的乐观态度。

要想使孩子看重努力的价值，就要尽可能从小时候抓起。尽管美国家长反对日本家长的做法，孩子刚刚 3 岁就雇佣家庭教师，以便使他在入学考试中取得好分数，但是，就是这种从幼儿抓起，培养孩子努力学习的好习惯的做法，使得日本消除了文盲，高中毕业生水平相当于美国有些大学毕业生的水平，这一事实是不容忽视的。

威廉·达蒙在《更高的期望：克服家庭和学校的纵容观念》一书中批评了有些父母的想法：孩子在童年时应该无忧无虑，远离烦恼、挑战和压力。他这么写道："孩子不仅要玩简单有趣的游戏，还应该参加有挑战性、能将他们提高一步的活动。要培养孩子的创造性，既要满足他们内在的兴趣，也少不了外在的反应和奖赏。即使面对困难和烦恼，孩子也应该坚持不懈地努力。要让他们认识到挫折和单调乏味是创造性工作必需的内容。只有学会应付这些，日后才能成功。"

知道了这些，你就可以从今天开始，要求孩子更加努力，做更多的家务，完成更多的家庭作业，参加更多的社区活动。我个人比较提倡利用网络进行学习，但我也知道，它带给孩子的其他诱惑也太多了，对孩子专注学习，有不小的侵蚀作用。我们既要遵从现有的比较普遍的观念，让孩子每分每秒都感受到快乐，又要让孩子了解持之以恒努力学习的重要性。在两者之间找到平衡，才是明智的。

合理分配时间

寻找平衡的方法之一便是让孩子学会掌握时间的本领，这是几乎每个成年人都要使用的技巧。如果你不断在他耳边强化时间的概念，那么他会很早就学会合理掌握时间，甚至比他学会认识钟表还要早。如果你要孩子8点睡觉，那么就意味着到时候他就要躺进被窝里。如果他觉得能拖延或操纵你，让你同意他"再待"几分钟,那么就等于是你在传递给他一种信息,即时间的外在限制是不重要的,他可以根据自己的需要决定家里的时间。

孩子6岁时,你就可以用下表来告诉他合理掌握时间的基本原则。你必须和孩子一起填写。该表可以让孩子明白,把事情分出轻重缓急、确定完成所需的时间、坚持把事情干完并评判结果等的重要性。请记住,合理掌握时间是一项必须学会的技能,你不能指望幼儿马上就理解其重要性,也无法期望较大一点的孩子立刻接受。但是,一遍又一遍不厌其烦地强化这些技能会使孩子养成受益终身的好习惯。根据我们对情商和大脑发育情况的了解,孩子将发育出神经通路,使坚持不懈地努力成为行为习惯。

掌握时间和工作的进度

列出所有在_____点和_____点之间你必须完成的事情。

现在根据其重要性分出先后,最重要的放在最前面,最不重要的放在最后。然后估算一下正确完成每项工作所需时间,要保证自己有足够的时间完成最重要的工作。如果时间不够,那么在次要问题上不能花太多时间,或者重新分配时间。

一项工作完成后,在"已经完成"栏上打勾,写上实际花费的时间,然后按1—3的等级给每项工作打分。1代表可以接受,2代表很好,3代表完美无缺。请记住,不同的工作需要不同的标准,比如整理床铺,等级1就行,而家庭作业却要达到等级3才行。

要完成的工作

缓急顺序	已经完成	花费时间	等级
———	———	———	———
———	———	———	———
———	———	———	———
———	———	———	———
———	———	———	———
———	———	———	———
———	———	———	———
———	———	———	———

爱好的价值

掌握时间的技能是通过刺激新大脑皮层来帮助孩子成功的,你也可以通过刺激大脑边缘系统的活动强化这些技能。通过大脑情感中心来教育孩子,无疑是很令人愉快的,但这并不意味着在改变工作习惯方面也非常有效。

当你全神贯注于工作的时候,想过时间在一分一秒地流逝吗？根本没有。许多人在干自己喜爱的事时，或者如有些人所说，工作就是喜好时，都经历过这种"特别时期"。

安娜·弗洛伊德是最早看到爱好对培养孩子工作习惯有着重要意义的人之一。和其他发展理论学家一样，她也认为，孩子在某个年龄应该干成某些事情，以促进性格的发展。她说，业余爱好实际上是半工作半玩耍，具有双重特点，因而对小学阶段的学生来说是个非常重要的发展任务。和玩耍一样，爱好也是让人非常愉快的，相比较而言没有外界压力，而且脱离了孩子的基本冲动。另一方面，它又具有工作的特点，需要重要的认知和社会技能，包括制订工作计划、延迟满足、与他人交换信息等等。

你真成汽车专家了。

业余爱好兼具玩耍和工作的双重特点，是孩子学习耐久力的重要方式。要鼓励孩子坚持某个爱好，至少 6 个月。

看着孩子饶有兴趣地搜寻有关恐龙的资料，细心组装赛车或者学习使用陶轮等，你会发现当孩子远离学校环境的压力时，会表现出许多通向成功的潜能。业余爱好使孩子有自豪和满足感，有相同爱好的孩子之间通过交流，还能扩大知识面。尤为重要的是，业余爱好提供了一个中间地带，孩子在其间可以尽情地学习和玩耍，而无须担心会受到何种评价。

许多类型的业余爱好都可以教会孩子掌握与自我激励和成功相关的情商技能。最重要的有4种：收集爱好、手工艺爱好、与科学相关的爱好（包括电脑）和表演爱好。有的孩子继承了父母的爱好，而有的则受到朋友的影响，也有的在某一天早晨醒来便迷上了某件事。不管爱好的起因为何，其重要性都是一样的。

魔术

要想了解业余爱好为什么有助于情商技能的学习，我们要来仔细看一看魔术，它是我经常在咨询时向孩子们推荐的，也是我最喜欢的一项活动。

有的孩子喜欢收集魔术，有的则喜欢自己创作。由于许多魔术是建立在数学公式和错觉基础之上的，因而便成了学习这些内容的很好的非学术方式。尤其重要的是，魔术需要表演能力，这种社交方面的技能为孩子创造了最重要的机会，他们可以借此学习走向成功的技能。

业余爱好几乎可以在瞬间就给孩子提供一种满足感，魔术也一样。当孩子掌握了一个魔术之后，他会觉得自己知道别人不知道的事情，因而增强了自信心。魔术的戏法有很多，从很容易学会、可以立刻满足人的"自动戏法"，到需要相当的记忆力和双手灵活性的高难内容。和其他很多爱好一样，魔术对初学者和专家来说都有无穷的乐趣。而且，学会任何魔术都需要坚持不懈的努力，不断练习，直到表演起来自然真实，同时还要记住一些故事情节和魔术一起表演。

对好冲动的孩子来说，魔术是一个很好的爱好。它要求表演者使思想与行动协调一致，要很强的时间感和时机感，而这正是这些孩子所缺乏的。冲动的孩子在表演魔术的过程中会学会用合适的方式吸引别人的注意力，以及学会在表演的同时把别人逗笑。

然而作为一个心理学家，我打破了魔术界一个历史悠久的传统：不透露秘密。我利用魔术是为了帮助那些在社交上遇到问题的孩子。我告诉他们在表演完了以后，要揭开秘密，这样就可以避免他们对可能的朋友隐瞒某些重要事情。秘密成了孩子们共享的财富。而且这样做也可以使孩子在表演时减少压力，因为他们不用担心表演不完美，反正最后秘密是会公布的。我让孩子对观众这么说："我做完后要让你们看看是怎么回事。"这样，观众（一般是一两名孩子）就会采取合作而非对抗的态度。如果表演失败了，或者别的孩子猜出了谜底，表演者也不丢面子。

参与孩子的爱好

利用业余爱好来教孩子社会和情感技能时，你需要参与，尤其在孩子具有注意力不持久、缺乏动力等问题时更应该如此。首先，要确保爱好与孩子的水平相适应。如果太难，并且与学校作业十分相像，许多孩子会失去兴趣。如果太简单，没有一点挑战性，那么也不可能让孩子长久保持兴趣。

其次，腾出一段特定时间与孩子一起从事爱好，是无比重要的。如果你希望孩子学会持之以恒的品质，掌握其他与工作相关的技能，用你自己的兴趣、可依赖性及独特的指导，为孩子树立榜样，只有这样才是明智的。

比如，如果你正帮助年幼孩子学习一项魔术戏法，你自己首先应该掌握，然后才能教会孩子，进而鼓励他练习戏法和表演。如果孩子年龄稍大一些，那么你可以带他去图书馆，找本关于魔术和魔术家的书，看这方面的电影和录像，帮他造一个表演台或者从网上找更多相关内容。

最后也是最重要的一点：不断地赞扬和鼓励孩子，以增强他的耐心和耐力。在他厌烦或灰心丧气时（这是肯定要发生的），你可以建议他休息5分钟，但其后要立即投入学习。不要因为自己不感兴趣或疲劳就泄孩子的气，要他们"今天就这样吧"，或者让他们干些别的有兴趣的事。要做到这一点很难，但请记住，孩子天性顽强，有弹性，在他们沮丧泄气之时，你纵容他们，就等于损害了这些天生的优点。

即使孩子兴趣转移或者爱好令孩子灰心丧气，也要鼓励孩子坚持下去。要想使某个爱好对培养情商技能有用，就必须坚持6个月的时间，最好更长些。请花些时间与孩子一起选择某个爱好，最好能找到某个让你们双方都很感兴趣的，这样就能保证你自己也能坚持下去，从而教会孩子坚持不懈的精神。

鼓励孩子坚持某个爱好只是众多方法中的一种。要想培养孩子勤奋工作、持之以恒的精神，你首先要改变自己的思维。在一个崇尚立刻满足和迅速完成的文化氛围中，这不是轻而易举就能完成的工作，颇费时间和精力。你必须让孩子明白彻底的重要含义（清理过的房间与打扫得一尘不染的房间有本质的区别）。完成难度较高的任务时需要耐心（如果钢琴老师让孩子练习音阶20分钟，不要让他5分钟后就停下来）、耐力（用体育锻炼来增强，在这方面孩子比较容易表现出来）和坚定性（一旦目标确定下来，就要实现）。

需要牢记的情商要点

- 随着年龄的增长，孩子对努力和能力的概念都会发生变化。到少年时代，努力就能成功的乐观态度渐渐消失，他们会认为能力强的人成功机会更多。这个发育上的变化要由你来补偿，你可以培养他们持之以恒的精神。

- 管理时间的能力是情商的重要内容，会使你的孩子终身受益。教会孩子这些技能永远都不嫌早。

- 业余爱好包含玩耍和工作的双重特点，也是培养勤奋工作品性的独特方式。

第十九章
直面并战胜困难

托马斯·爱迪生曾经说过这样一句名言：天才是百分之一的灵感加上百分之九十九的汗水。然而，对于如今这一代人来说，微波炉3分钟就可以做顿饭，看电视有99个频道可以选择，整天梦想中彩券发大财，对这句名言已经很陌生了。即使是在传统小农场长大的孩子，也很少有机会体会辛勤工作与成功之间必然的因果关系。孩子们很容易认为那些令人瞩目的名人是靠长相和天分成功的，即使他们曾有过坚持不懈的努力，也只不过是成功的很小一部分原因。

我们对名人的崇拜向孩子们发出了两条与培养成功技能相悖的信息。孩子不仅贬低努力的价值，也看不到失败以及由此应该吸取的教训的重要性。

孩子必须能够接受失败，否则无法养成持之以恒的性格。托马斯·爱迪生为找一根灯丝失败过1000次，乔纳斯·索尔克为了找到脊髓灰质炎疫苗，98%的时间都花在不成功的实验上。20世纪初，保罗·埃尔利希把自己发现的治疗梅毒的药物命名为606号，意味着前605次实验都失败了。这些例子数不胜数，但我们却很少给孩子讲。失败给人们带来的感觉非常复杂，包括焦虑、悲哀等等，但孩子必须学会忍受这些情感，这样才能成功，正如马丁·塞利格曼在《乐观儿童》中所写:"孩子要想成功,必须要学会接受失败,感觉痛苦,然后不断努力直至成功来临。每一个过程都不能回避。失败和痛苦感是构成最终成功和喜悦的最基本元素。"

不成功的原因

不幸的是,如今的许多孩子并没有学会忍受失败带来的负面情感。即使他们相信自我激励的发展理论,他们也不愿意被看成是因为先天能力不足而导致失败。心理学家马丁·塞利格曼认为,孩子到了 13 岁以后,被看成"愚笨"比面对失败更让他们痛苦。

我们以孩子为避免答不出老师提问的尴尬而最常用的方法为例!

> 13 岁的比利又没有完成家庭作业。昨天下午,他一直在玩"转身跳射击",晚上又把《终结者》看了一遍,这已经是他第 5 次看这部电影了。他跟父母说,家庭作业已经做完。现在面对七年级历史老师斯蒂文斯夫人,报应的时间到了。
>
> "谁来说说大萧条的原因?"老师提问后只有 3 个总是很积极的学生举起了手,其他 25 名学生沉默不动。
>
> 为了避免让老师叫到,比利本能地把铅笔丢到了地上,然后弯腰去捡,试图使老师注意不到他。尽管他故意磨磨蹭蹭,在捡到铅笔后,局势仍未好转。斯蒂文斯夫人还没有找到人回答问题。比利很快又有了第二招,他使劲揉眼睛,仿

佛眼睛里进了什么东西。但是老师仍然盯着他所在的方向,最后眼睛疼了,不能再揉了,比利便"紧盯着书本",仿佛他突然从模糊和忙乱中发现了生活的意义似的。

坐在比利后边的艾伦的反应较比利则有过之而无不及。她双手托腮,一脸疑惑的神情,好像在告诉老师:"我真想回答你的问题,但我还在考虑生活的意义。"她自以为老师会理解她的疑惑,并且知道,一旦喊她回答问题便会打断她的沉思。另一个学生托米的意志力是出了名的。他对问题的答案一无所知,甚至根本没有听懂老师的提问,但他决定利用"逆反"心理。他把手举得高高的,不停地挥舞,因为他想老师不会叫太积极的学生回答问题。

斯蒂文斯夫人最终还是叫了比利。他慢慢站起来,反问了一句:"你问的是大萧条的原因吗?"

"是的,比利。"斯蒂文斯夫人耐心地回答。

"是20世纪30年代的大萧条吗?"比利又反问一句,似乎在表明,他至少知道这一点。

"是的,30年代的大萧条的原因。"斯蒂文斯夫人很清楚这个"老鼠和猫"的游戏,这是学生们不知道答案时惯用的伎俩。她把声音提高了一点,不容争辩地问道:"比利,你究竟知不知道这个问题的答案?"

比利垂着脑袋,什么也不说,最终还是求助于人类与生俱来的智慧:沉默或许会被视为傻瓜,但也强于开口证明自己就是傻瓜。

我们大多数人都用过上面提到的伎俩来遮人耳目，让老师看不出来自己不懂或没做准备。有的学生直接从百科全书上抄答案，有的在大考当天假装肚子疼或发烧，更严重的甚至干脆放弃，因为他们有一个错误的逻辑：放弃就不会失败。所有这些办法，无非就是证明了不成功者自己败给了自己。

有的学生也因为担心失败，而采取拖延战术。拖延的方法和花样多多。迷恋于拖延战术者，甚至会想出办法来，表面装出很忙很努力的样子，实际上什么也没干。比如，给读书笔记找封面的时间比写作的时间还要长，或者不断重复文章开头的一句话，脑子里却对要写什么全然没数。

为避免失败而逃避工作，是那些劣等生性格中最顽固不化的部分。根据考文顿所言，"长期劣等生们会通过拒绝参加来逃避考试，越是这样，自卑心理就越强。为了给自己这种自欺欺人的想法找出正当的理由，他们往往会自我美言，贬低自己不愿意干的事，或攻击勤奋者虚伪、愚蠢无知等。他们会自我安慰，失败标志着独树一帜，标志着个性强等，借此给自己创造一份虚假的自豪感"。

有些爱走极端的孩子，甚至用自残来避免在学校的失败。他们因为害怕不能满足父母、老师、同伴的期望而焦虑甚至恐惧。少年时代，掩盖对失败的恐惧感的最普遍方式就是吸毒和酗酒。吸毒和酗酒都是孩子们到了最在乎别人对自己看法的年龄后才开始的。这并非巧合。

> 有谁知道人类第一次登上月球是哪一年?

> 我能去趟厕所吗?

大一点的孩子会玩一些小把戏,以免被别人看出不懂。父母可以教育他们,让他们明白一个道理:努力比能力更重要,犯错误甚至失败都是走向成功的必由之路。

自残是逃避失败的最不幸方式,它会导致对大人期望的不满及不负责任行为的恶性循环。

用合作游戏帮助孩子面对和战胜失败

美国的教育体制,或者根本就是美国文化,使得许多孩子无法面对"失败"。竞争和苹果派一样,太美国化了。尽管我们也喜欢慷慨大方、仁慈善良,但只有赢了的人才是我们真正崇拜的对象。从婴儿时期开始，我们就向孩子传递这样一种信息：生活就是赢家和输家之间的竞争，把人分成"最好的"和"不是最好的"两种。我们会柔声问婴儿："谁是世界上最漂亮的孩子？"对蹒跚学步者的涂鸦之作，我们会盛赞："这是我见过的最好的画。"对日常生活中的每一件用品都要分出等级，比如电冰箱、壁炉饰品、纸币、色带、剪报等。

尽管我们对竞争情有独钟，但据教育者称，世界上根本不存在"健康"竞争。他们引用无数研究证明，以任何形式刺激竞争都会降低学生在学校的成绩。其逻辑原理很简单，孩子们一心一意要避免失败时，便不会真正全神贯注于学习，"赢"便成了主要目标，学习也就退居其次了。

也没有证据能证明，竞争有利于性格的发展。合作游戏的鼻祖特里·奥利克相信，竞争鼓励孩子们作弊、说谎、蓄意破坏或者结帮阻止他人成功。

教育孩子看重合作精神及团体成功便能弥补我们文化的缺陷。尽管婴儿和蹒跚学步的幼儿以自我为中心，占有欲强，但18—30月龄的孩子便开始了转变，慢慢出现亲社会行为，变得更有合作精神、更乐于助人、更愿意与人分享等。

许多研究发现，孩子的合作和亲社会行为是得到社会接受的最重要性格特征。研究人员加里·拉德和同事们一起在每个学年的开始、中间和末尾三个时期，观察了学龄前儿童在操场上玩耍的情况，发现合作性格的孩子社会地位会得到提高，而缺乏合作性的孩子不太受人喜欢，不太经常被人选做玩伴。

教育者们教授孩子合作精神这一重要技能的主要方式就是合作游戏。研究证明，通过游戏学到的合作技能更容易被应用到与同伴的其他活动中。研究者对合作游戏如何修正孩子的霸道行为做了专门研究，发现非霸道地与他人合作是"发育过程的最基本目标之一，为交友以及日后的婚姻和事业成功打下了基础"。教孩子们玩合作游戏和活动可以增加他们被同伴接受的可能性，提高其与他人共享的能力，使他们更能接受别人的差异，保持更积极的同伴友谊。

让你的孩子学会合作游戏，可以让他们明白，成功不过是群体活动过程的一部分，因而有助于他在这个高度竞争的世界上更好地处理问题。另外，这些游戏还能让害怕失败者认识到持之以恒的努力的重要性，在真正的合作团体中不存在个人失败，每个人都能赢，也都会输。下面列举了几种有趣的合作游戏。你只要试一下，就会发现孩子们会像喜欢（即便不是更加喜欢的话）传统的竞争游戏一样喜欢它们。

合作机器人

这是一个有趣的游戏，需要 3 个人参加。我建议那些兄弟姐妹间互相竞争或者是孩子正处于"不合作"年龄的家庭玩。3 人站成排，最年轻的站中间，充当"大脑"，拉着两边人的手，指引他们活动，两边的人必须合作，照着"大脑"的要求去做，3 个人就像 1 个人一样。动作有：

1. 做一个花生酱、黄油和果冻三明治，然后喂到3张嘴里。记住要有牛奶。

2. 利用镜子，画出一张3人在一起的画，然后把画分成3份。

3. 做些简单的家务，如擦厨房、整理床铺等。

合作排球

人数不限，但3—5人最好。给大气球充气，然后吹上天。每人轮流轻垫气球，尽可能地不让气球落地。每次玩都要尽量打破自己的纪录。

更近些

这个游戏是根据危地马拉的印第安儿童玩的一个游戏改编的。需要1个小盒子、10个网球。球必须是同一规格，其中一个与其他的颜色不同，或者用彩笔做个记号，被指定为"较近的球"。以盒子为目标并在距其1.5米处画根线，从这儿开始，第一名参加者弹出"较近的球"，尽可能与目标接近，其他人轮流弹其他的球，渐渐把"较近的球"撞到盒子边。一轮不行就两轮，直到"较近的球"撞到盒子边缘为止。

合作空中曲棍球

该游戏是由杰姆·迪科夫发明的。他也是合作游戏运动的先驱，一位多产的游戏创作者。本游戏由两个人参加，需要8支铅笔、1个杯子、2根吸管、1小团纸。

如下图所示,把铅笔排成两个套着的正方形,每人拿一根吸管,互相合作,尽力吹着纸团在两个正方形中间绕两圈。由于气流是单向的,因而这一工作难度极大,需要另一人的帮助。绕了两圈后,参加者必须把纸团吹进杯子。要增加一点趣味性,可以规定游戏在两分钟内完成,也可以增加几支铅笔,使图形更复杂。

一旦孩子们了解合作游戏的原则(合作则皆大欢喜,不合作则双方都输),那么就不可能玩错。由于游戏是很有趣的,因而对每个参加者都是很有益的,孩子玩过以后会一次又一次地要求再玩。

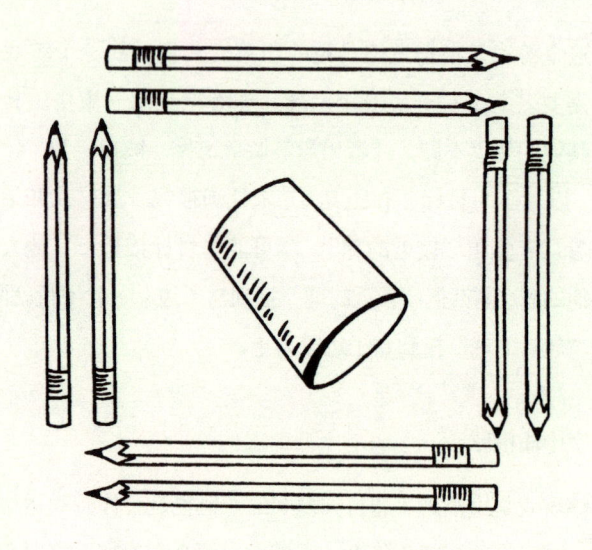

孩子不管处在什么样的年龄段,都可以学会合作游戏,了解合作的重要性,同样,学会面对失败,培养持之以恒等与自我激励和成功相关的技能,也是任何时候都不晚。但是,有一点我们要记住,孩子学习情商技能开始得越早越好。所有技能都不是孤立的。如果你关心孩子学习的动力和在学校的表现,那么你的培养方法只要做一点改变就行,但要坚持下去。最重要的原则对孩子和父母同样适用:成功哺育成功。

需要牢记的情商要点

- 研究表明,孩子到了十二三岁时,在学习动力方面非常脆弱,会将能力看作成功的决定因素。为了不被看成失败者,他们会想尽一切办法甚至是愚蠢的办法。
- 你可以教会孩子们注重努力工作,而非结果,这样便可以弥补上述发育过程中的缺憾。
- 教会孩子懂得成功是建立在失败基础上的。
- 帮助孩子从团体的合作性成功而非个人成就中得到满足。

THE POWER OF EMOTIONS

第七部分
情感的力量

杰弗里·马森和苏珊·麦卡锡在引人入胜的著作《哭泣的大象》中，以无数生动的例子证明，动物也是有情感的，而此前，有无情感被视为人和动物的主要区别。在刚果，一只由人养大的黑猩猩不愿被送到动物园，便将一腔愤怒发泄到同圈的猩猩身上。它会向游人讨来香烟，然后追着烫其他猩猩。当两只爱斯基摩狗玛丽亚和米沙被分开后，玛丽亚天天翘首盼望着米沙回来，等最终意识到米沙再也不会回来后，便变得无精打采、垂头丧气、暴躁易怒。大鼻子海豚韦拉一次误伤了饲养员的手，觉得羞愧不堪，躲到池底下不肯出来，饲养员最后不得不把它骗出来。

马森和麦卡锡还提到，情感表达是因动物而异的。鹦鹉脾气暴躁，会无缘无故生气；鹅、天鹅和鸭子对伴侣忠诚是天下闻名的；大象似乎特别容易被同伴的死打动，对同伴的骨头表示出特别的兴趣，但对其他动物的骨头却毫无兴趣，它甚至能记得伴侣死后的气味。

通过研究动物以及人类情感的进化过程，我们得知情感在孩子成长为快乐、成功的成年人的过程中起到了特定的作用。我们也知道，孩子的情感发育也可能偏离正常轨道，导致许多个人和社会问题。

理论家们一致同意，存在一套基础情感，包括爱、恨、恐惧、悲哀、内疚等等，并由此衍生出所有其他情感，就像4种基础颜色能调配出无数色调一样。

作为人类，我们能生出无数情感，而且并不是情感本身使我们有别于其他动物，而是认识和思考情感的能力把我们推上了进化阶梯的顶端。在这一部分中，我们将讨论一些情商技能，它们不仅能够帮助孩子驾驭自己的情感来对付不断变化的现代社会，而且还能使孩子对自己的情感有进一步了解，从而走向更加成功、更加健康、更加圆满的生活。

第二十章
情感意识和情感表达

传统的心理治疗法把情感意识看作生活变化的主要促进因素。接受治疗的病人不断地叙说，什么使自己感到愤怒、悲哀或内疚，什么让自己快乐、兴奋和自豪，治疗师们便设法改变引起负面情感的环境，并设法增加正面情感。叙述情感是理解并控制情感的最直接方式。

大脑皮层或者称思维大脑使我们不仅能感觉到自己的情感，也能对别人表达情感并观察和学习别人的反应。教会孩子理解和表达自己的情感会在许多方面有助于他们的成长和成功，反之，则会使他们在处理人际关系时过分脆弱。

我们以马丁为例。他刚 6 岁，父母正为离婚打得不可开交，父亲坚持马丁和母亲每个周末都从弗吉尼亚州里士满的家里飞赴波士顿去团聚。每次两个半小时的旅程中，马丁都一言不发，到了那里都是马上上床睡觉。两个月后，马丁便说肚子疼，老师则说他在学校几乎不和人讲话。

在监护权听证会上，马丁的律师这样问他："你对每个周末去看父亲是怎么想的？"

"我不知道。"马丁回答。

"好吧,你去波士顿看父亲快乐吗?"马丁的律师换了一种问法,同时努力控制自己的感情,以免诱导他倾向某个答案。

"我不知道。"马丁机械地回答,声音低得几乎听不见。

"母亲怎么样?你与母亲待在一起快乐吗?"律师又问道,他渐渐意识到,他从马丁那儿只会得到一句话。

"我不知道。"马丁还是那句话,他的神情也确实证明他不知道。

在上述例子中马丁不能用语言把自己的情感表达出来,而孩子用语言把情感表达出来的能力是满足其最基本需要的关键因素。你2岁的孩子想吃东西,而你却在商店里和一位朋友聊天,那么他可能会大发脾气,因为这是他认为满足自己需要的最快方式。然而5岁的孩子就会意识到自己饿了,自己厌烦你们的谈话,并能用语言表达出来。而你很可能买个快餐汉堡包满足他的需要。10岁的孩子就会区分自己的数十种情感了。当被问及他对即将来临的旅行或参加祖父的葬礼的看法时,他就会从情感记忆库中调取一些经验,对不同情况做不同反应。

表达诸如快乐、兴奋、担心和焦虑之类情感的语言是与情感本身联系在一起的。如果孩子说他不愿意参加祖父的葬礼,很怕看到祖父躺在棺材里的样子,那么大脑的语言和情感部分就会闪电般地快速接通,触发与担心相联系的微妙的生理反应:脉搏轻微加快,血压稍有上升,身体发紧。

孩子16岁以后，大脑的思维部分发育完成，就能够谈论很微妙的情感了。他可以用暗喻和想象来描述情感，比如"像百灵鸟一样快乐""感觉就像坐在地下室的阴暗角落里，没有人知道他在那儿"等等。他也能把身体的反应与不同的情感联系起来，并在语言上表现出来。比如，"胃里有种下沉的感觉""胃里全拧成一个结"等等。对情感的生理描述的语言便成为挂在嘴边的话，而且这些话在表达情感的深浅程度方面也极为有效。当听到某句对情感生理性的描述语言，感觉到说话人身上与该情感相关的非语言暗示（比如脸红、脸色苍白、身体僵硬等），听者身上通常也能出现相应微妙的生理反应。

情感表达的本质

我们上面讲过，蹒跚学步的幼儿语言能力还未发育成熟，无法将自己的情感用语言表达出来，可能会因此而大发脾气。5岁的孩子已经掌握了必要的语言能力，能够使用语词。孩子意识和表达情感的能力都是在大脑皮层中发育的，所以很快地随着认知能力的发展而提高。

但是，和其他情商技能一样，孩子是否准备好了理解和表达感情，与他们是否有能力这样做是完全不同的两回事。虽然孩子天生具有表达情感的能力，但他们能否真的运用这个能力则主要取决于他们成长的文化背景，尤其是你与孩子及孩子之间互动的方式。

在公开表达和讨论情感的家庭环境里,孩子就会学会思考和交流情感的语言,而在压制情感和避免交流的家庭,孩子更有可能成长为感情哑巴。尽管心理治疗专家们声称人们在任何年龄都能学会情感"语言",但是,它也和其他语言一样,最佳掌握时期还是儿童时代。

学会鉴别和传递情感是情感交流的重要内容,也是情感控制的关键部分。能欣赏他人的情感也同样重要,在发展亲密完美的关系时更是如此。

治疗专家和咨询顾问们发现,进行情感交流时,当一个情感听众比当一个能清晰表达情感的人更重要。"好听众"既需要耐心,又要能够随时调整自己,适应对方的情感需要,这是情感抚慰作用的重要表现形式。

整个少年时代以及成年后,情感交流技能娴熟者更容易得到别人的信任和爱,更能成为很好的伴侣和合作者。

如何培养孩子表达情感的能力

要达到这一目的,最简单有用的方法就是增加孩子的情感词汇。让他们说出所有能想到的情感,按照字母顺序写下来,一种情感占一页,编成"情感词典"。有一个比较好的方法能搜集这些词汇:翻看登有坦率大方的人物照片(不取那些装模作样者)的新闻刊物,让孩子说出对照片人物的感觉,写到词典每一页的上部;再让孩子回忆自己产生这些情感的经历,如果孩子想不出来，那么你可以根据自己的经历给他举例。年龄小一点的孩子还会愿意替每种情感配上画，大一点的孩子更喜欢拍些照片，来表现每种情感。

在从事心理治疗20多年的时间里，我经常给家长和孩子推荐一些游戏，来发展情感语言。有一次，我遇到一个令人心酸的病例：一位名叫简的母亲与9岁和11岁的孩子来找我治疗，孩子们的父亲突然去世，孩子们承受不了这一打击，变得郁郁寡欢、寡言少语，越来越显示出抑郁症的症状。简一直试图让孩子们说说自己的感受，都归于失败。而且"我同时干两份工作来维持家用，根本不知道什么时候会有时间坐下来与孩子们谈谈"，简解释道。

一般来说，我给病人开游戏处方时，第一个想到的便是游戏在什么时候、什么地方可以玩。如果一对父母告诉我他们几乎没有时间做家务，更没有空闲管孩子，那么即使让孩子玩他们最感兴趣的游戏，也是不现实的。

正是由于关心游戏的时间和地点问题，我想到了"情感牌照"游戏。我知道每个家庭每天都要花45分钟来往于学校和家之间，我也知道，孩子们在长途旅行时，总是用辨认过往车辆牌照上的字母和州名来打发时间。

简和孩子们再来时，我便问他们喜不喜欢学习一个新的汽车游戏。"该游戏的目的就是辨认那些含有某一情感单词中两个字母的汽车牌照，然后回忆一下自己产生过这种情感的时间。比如，有'A'和'M'字母的车牌就包含'mad'（疯狂）一词中的两个字母。"我解释道。我还告诉他们,这是个合作游戏,每次辨认出一个含有情感字母的车牌,并谈论某种情感,全家人得1分。如果从周一到周五得了20分,那么全家就可以出去吃顿快餐。我给了他们3张免费餐券,作为刺激。

下星期见面时,我注意到,这一家人的精神状态明显好转。他们玩过了游戏,得了35分,享受了快餐(尤其是我付的款)。我要他们再玩一个星期,以看电影为刺激。再次见面时,全家人心情都很轻松,尤其是孩子们变得很爱说话了。我和简私下交谈时,她告诉我孩子们在玩过游戏后,是如何谈论许多情感,如何表达自己对失去父亲的悲痛的。这一家人已经能运用情感交流技能继续生活了,所以我建议治疗停止一个月,其间我与他们保持电话联系。

第二次打电话时,简说道:"你知道,沙皮罗大夫,我们这个星期玩'情感牌照'游戏了,但由于某种原因,得分不够。我们大家又都想去看场电影。所以星期五晚上我不得不开车带孩子们去绕了1个小时,辨认车牌,谈我们的情感,挣够看电影的分数。"听完这些,我知道,我的游戏达到目的了。

如何帮助孩子成为好听众

我们能通过游戏培养孩子很好的情感表达技能,也能通过游戏帮助他们成为好听众。在"积极倾听"游戏中,他们会全身心地倾听别人的诉说,而不会插入自己的情感和想法。通过这个游戏，你完全可以把倾听技能教给10岁以上的孩子，而且你也会从中受益的。

"积极倾听"游戏

先和孩子（10岁及以上）一起写出至少6种你们关心的事，排成两列，一列是你的，一列是孩子的，内容不限，只要是让你们心烦的问题就行，但刚开始最好选择比较中性的问题或矛盾。然后取4张卡片，写下如下积极倾听技能：

1. 复述对方说过的话（"你刚才说的是……"）
2. 更详细地询问对方说过的话（"你能再告诉我一点关于……"）
3. 对对方所说的表示兴趣（运用姿势、语气、眼光接触等）
4. 描述对方的感觉（"我觉得你似乎正对……生气呢"）

玩游戏时，你们每个人选择一个问题，谈3分钟。一人说话时，另一人要表现出上述4种技巧，4张卡片可以作为提醒。每一"回合"结束后，谈话者根据4种技能给听话者打分，用上一项记1分，倾听者没有插话，另外加2分。然后双方交换角色继续玩。

6个"回合"（每次谈单子中的一个问题）后，游戏结束。

把两个人得分相加，总分如果超过30分（最高36分），双方都是赢家，可以自我奖赏一下。

需要牢记的情商要点

• 鼓励孩子把自己的情感说出来,并借此处理问题,使孩子自己的需要得到满足。

• 教会孩子们积极倾听技能,以帮助他们发展有益的情感关系。

第二十一章
掌握非语言交流的技能

教会孩子善于表达感情,做个好听众确实很重要,但是研究者们也发现,在情感交流中,语言只占一小部分。心理学家阿尔伯特·麦拉宾经过一系列研究发现,在面对面交流中,55%的情感内容是由非语言的暗示表达的,比如面部表情、姿势、体态等,38%的内容由语调表达,只有7%的内容是用语言说出的。

非语言交流的重要性

心理学家斯特芬·诺维基和马歇尔·杜克在《帮助不适应的孩子》一书中认为,不擅长非语言交流,比实际说错话还可怕,更加妨碍孩子的社会交往。他们这样写道:

> 在人际交往中,孩子如果说错话,别人会觉得他没受过什么教育,或者不够机灵,而孩子如果在非语言交流中犯错误,就会被当成怪人。所以,当一个人在语言交流中出错,我们一般会考虑他们的智力因素,而如果在非语言交流中出错,我们则更倾向于考虑他的精神状态稳定与否。和无知的人在一起是一回事,而和精神状态不稳定者相处则完全是另一回事,这样的人威胁到我们的安全……

语言行为有始有终，而非语言行为没有起点，也没有终点，是连续不断的。孩子（成人也如此）不管意识到与否，总是不断地用身体语言、面部表情与人交流。尽管非语言交流规则对美国孩子来说并没有统一标准，但也有些不成文的习惯，如果违反了，则会非常惹眼。诺维基和杜克举了电梯礼貌的例子。设想一下和一名9岁男孩同乘一部电梯，他背对门站着，眼睛一眨不眨地盯着你，或者紧贴着你（其实电梯里有的是地方）。那么你马上就会有一种感觉，这孩子"不正常"，虽然你不会说出来。

人类对非语言规则的意识贮存在大脑的情感部分。一般来说，它与认知能力互不相干，但当我们意识到它的重要性，而运用认知能力进行分析时，两者就有关系了。了解非语言交流的重要性，非常有助于孩子发展领导才能，他会变得更加果断自信，更加了解和同情他人的需要和问题。

非语言交流的困难何在

诺维基和杜克列举了非语言交流的6个方面的内容，都是孩子最容易遇到的问题。

1. 谈话方式和语调与其他孩子不同步：设想一下来自纽约的孩子要与从路易斯安那来的孩子交谈。他们互相都会认为对方说话的样子很奇怪，甚至会觉得对方的话根本听不懂。

2. 人际间距离：与对方离得太近、太远或者不恰当地拍对方，都会使对方感觉不舒服。

3.体态和姿势：体态是孩子情感交流中的重要内容。太随便或太懒散的姿势通常代表不尊敬和不感兴趣，尽管孩子并不真的这么想。

4.眼光接触：谈话过程中，平均来说，注视对方面部的时间占整个谈话时间的30%至60%。太多或太少都会被视作不礼貌。

5.声音：无论是语言（语调、声音高低和强度）还是非语言（口哨、嗡嗡声、噪音等）情感交流，声音的作用都是非常大的。孩子情感有三分之一的内容是由所谓的非语言来传达的。即使像清清嗓音之类的小习惯，也会招来社会的拒绝。

6.物质因素：孩子也和成人一样，会利用诸如衣服、小珠宝、发型等客观物体来传递社会意义。有的孩子会把外表看作谋得社会地位的一种方式，有的孩子却漠然视之。尤其是少年，如果意识不到自己外表对他人有可能产生影响，那么更容易在社交上遭受挫折。

诺维基和杜克还指出：如果孩子在社交上遭到挫折，尤其是那些学习能力差，或者有心理问题而更容易被同学拒绝的孩子，那么家长就应该注意他的非语言交流方式。事实上，掌握非语言交流技能对每个孩子都是大有好处的。

教会孩子非语言交流技能

下面的游戏是受了诺维基和杜克设计的数十种活动的启发而编成的，目的就是教会孩子非语言交流技能。

要帮助孩子面对问题，就要理解非语言情感。如果孩子正在生气，表情死板，这时候你面对面走近他，他就会视之为一种威胁，你们肯定会发生冲突。相反，如果从侧面靠近他，并且避免眼光直接接触，就比较合适，能帮助他平静下来。

"消音"游戏（7至12岁）

首先，找一部适于这个年龄孩子观看的电视剧，然后把声音关掉，只让孩子看画面，并要求他们描述剧中人物的情感。只要孩子有需要，可以随时暂停。每当孩子说出演员的某个表情、体态或姿势所体现的情感，就记1分。然后，加上声音重放这一镜头，来检查孩子的答案。要让孩子在15分钟内累计得15分。

情感字谜（6岁以上）

由3名以上孩子或家庭成员参加。先准备20张卡片，每张写上一种情感。由年龄最小的开始,任取一张卡片,然后在3分钟内表演卡片上的情感,不能说话。其他人猜测,猜中者保留卡片,并由他开始下一轮,游戏结束后卡片最多者赢。

如果参加者年龄悬殊或能力参差不齐,就可以轮流表演,这样可以保证每人都有机会学习如何用非语言表达情感。随着孩子们技能的提高,慢慢可以增加一些比较微妙的情感。

猜测情感(5至10岁)

把某一句话读5遍,录下来。每遍语气都不一样,表达5种情感。比如,"我把包落在车里了",可以表达快乐、伤心、疯狂、害怕和担心5种情感,孩子猜对1种,得1分,然后让孩子读一句话,努力学习用不同的语气表达不同的情感,每次努力成功,得1分。

拍下你的情感(5至12岁)

在该游戏中,孩子们会学会了解自己的情感,以及自己是如何利用面部表情和身体姿势等非语言方式来表达情感的。需要一个拍立得相机、几张活页纸和一个活页夹。

让孩子用面部表情表达某个特定情感,如果他觉得有困难,那么就让他想想,什么能使他产生这种情感。比如疯狂,"汤姆取笑你的时候,你就会发疯,不是吗?"有的孩子到这时候还会有困难,他们会以为自己看起来已经疯了,但实际上并没有表现出来。那么就让孩子面对镜子，按照你的指令做面部表情（如告诉他，低下眼睑、缩鼻子等）。然后拿走镜子，拍下照片，再把照片夹在活页夹里，下面注上产生该情感的时间和场合。

再让孩子用体态表达这一情感，然后拍下来。你也许需要不断地纠正他的姿势，以帮助他了解不同的姿势所代表的不同情感内涵。也可以请别的孩子一起参加，来表现喜欢、嫉妒、自豪等较为微妙的情感。在活页夹中，每种情感占一单独部分，下面再注上什么时候因为什么原因产生该情感，及如何对待有问题的情感等。这类活动可以定期来做。

需要牢记的情商要点

- 教会孩子理解非语言情感，使他们能理解情感交流的每个细微之处。
- 情感交流需要对别人的和自己的语言方式（如体态、身体语言、面部表情、语气等）都了如指掌。孩子了解自己的坐姿这件简单的事，就会使老师对他产生好印象。
- 情感交流也包括人们的说话方式。有的孩子在这方面比较欠缺，需要帮助才能理解语气、讲话速度等所表达的情感。

第二十二章
情感控制

早在20世纪上半叶，西格蒙德·弗洛伊德就认为，学会控制情感是定义文明人人格发展的基准。他认为，正处于发育阶段的孩子的性格是由两个因素决定的，其一是追寻快乐，其二是避免痛苦和不舒服。人的这两种本能（他用力比多理论来代表）是由道德中心，即超我控制的。超我实际上是父母权威的内在化。当孩子的力比多冲动要他从橱柜里拿出几块糖果时，他的超我就会告诉他，不经过允许拿东西是不对的，如果他仍拿了糖果，那么超我就会用内疚来惩罚他，其方式也比较恶毒，如噩梦、身心疾病、突发恐慌等。但他还是想要糖果！

弗洛伊德认为，孩子为了协调冲动和惩罚的威胁，就发育出一个中间人或情感经纪人——自我，成为孩子理性的代言人，一个既满足他的欲望又不违背外界和内心规范的适应性力量。为了得到糖果，孩子会等到吃饭时，跟父母要糖果作为甜点；或者出人意料地多干些家务活，以得到糖果作为奖赏；他也可能干脆就跟父母要，还说吃块糖能让他一天都活得更好些。弗洛伊德认为，孩子意识到的越多，越能权衡各种办法，也越能通过折中方法来达到自己的目的。

治疗医师和顾问在帮助孩子学会控制情感时，仍然沿用这些理论基础,即:要想帮助孩子驯服无意识的激情,必须帮助他们成功地发育自我控制机制,包括洞察力、计划性、延迟满足等等。从情商和神经解剖学的观点来看,这些方法在教会孩子控制情感方面仍然适用,而且我们能够借此更加成熟地理解情感是如何发育的,以及为什么这些方法适用等。

情感控制的神经系统科学

神经系统科学家们现在已经知道,情感是由大脑中如闪电般迅速的传输系统传递和控制的。该系统又由丘脑、扁桃核、大脑皮层额叶等操纵,得到大脑的其他结构和腺体的支持,后者以生化物质的形式把信息传送到身体的其他部位。朱迪·霍普和迪克·特蕾西在《三磅宇宙》中把丘脑比作机场的飞行控制中心。他们这么写道:"不通过丘脑,任何从眼睛、耳朵等感觉器官传来的信息都不可能抵达大脑皮层。"无论是粗鲁的声音还是迷人的调情,只要是感官输入,都由丘脑传送到大脑皮层的各个部位。大脑皮层的额叶对控制情感尤其重要,许多科学家相信这儿就是自我意识的家。

但是,并非所有的信息都从丘脑直接到达大脑的思维部分。有一部分也会抵达情感大脑的常驻经理扁桃核那儿,它能以比大脑皮层更快的速度(但不够精确)阅读各种感官输入,并做出反应,然后在思维大脑还不知道该如何办时,就触发情感反应。

在情感比较强烈的情况下,比如一个孩子遇到一只狂吠的狗或面对考试压力时，扁桃核会激活肾上腺，分泌出肾上腺素和非肾上腺素，使身体警觉起来，这些荷尔蒙转而又激活迷走神经，把信息传回扁桃核。

扁桃核能够进行情感学习和记忆，与发生在大脑皮层的有意识的学习和记忆可能完全不同。有些神经学家认为，大脑的情感记忆区别于人们更加熟悉的认知记忆，有可能解释为什么童年时代的痛苦能影响成年，即使意识中根本不记得了。情感记忆，诸如哭泣时没有立即受到注意而产生的被抛弃感等，被无言地或无意识地贮存在扁桃核内，影响人的情感和行为。

了解了情感的神经解剖学方面的知识，我们就会明白，孩子学习情感控制的系统有两个。弗洛伊德的理论说明，他对大脑的思维部分控制情感的方式有直观的理解，但没有看到情感大脑的重要作用：它能越过大脑的思维部分进行活动。因此，弗洛伊德认为，他所称的自我力量受到刺激时，只是激活了大脑皮层（思维）的功能，而他实际上忽视了情感大脑的复杂系统，正是它在处理强烈情感时发挥更大的作用。

所有这些都说明，通过与孩子交谈帮助他们对自己的感受形成洞察力——不管是在家庭会议上、在校长办公室里，还是在治疗期间——是远远不够的。谈话触发大脑思维部分的控制中心，但对情感控制的作用却相对太小。每个父母直觉上都明白这一点。你曾经告诉孩子，让他不要害怕打针吧？你曾对将与男孩约会却突发皮疹的女儿说这无关紧要吧？或者，你曾对一名害怕乘飞机的成人说飞机要比汽车安全吧？这些话有用吗？没有。我们知道，当情感汹涌澎湃时，理智就失去了作用。

要想让孩子学会控制情感，我们必须以毒攻毒，用以情感为基础的解决办法来解决情感问题，我们必须教会孩子同时使用大脑的情感和思维两部分的技能。

如何教会孩子控制情感

毫无疑问，如今孩子面对的最普遍的情感问题与控制愤怒有关。接受治疗的孩子中，被诊断为愤怒、霸道、好与人对抗者占40%至50%。孩子为什么难以控制愤怒？关于这个问题我们可以长篇大论地进行解释，但问题的关键是，如何帮助孩子驯服愤怒这个怪物，而答案就是情感再教育。下面我们看看游戏"平静下来"（又称"取棍子"）是怎么起作用的。

> 比利全神贯注，要把绿棍下的红棍取出来。因为他太专心，手都有些发抖。他只有在不碰到黄棍的情况下，把红棍移动四分之一英寸，才可以把红棍拿出来。
>
> 这时，弟弟皮特对着他的耳朵吹了一下，弄出了点噪声，并且喊他"粪脸""屁股脑袋"等，试图分散他的注意力。但比利完全不为所动，慢慢做深呼吸，放松肌肉，眼睛紧紧盯着目标。他知道，要想赢得这场游戏，就必须不受弟弟恶作剧的影响，集中注意力。他暗暗告诉自己，"只看眼前的目标"。果然，他把红棍取出来了，而且没有碰到其他棍子。

比利和皮特在我办公室里玩的就是游戏"平静下来"，可以帮助他们对付别人的取笑。该游戏的规则是要求参加者在一定时间内从一堆木棍中移走一根，不能碰其他木棍。规则很简单，但需要参加者集中注意力，具备很好的动作协调能力，目的是教会孩子情感控制技能。比利玩时，皮特可以在一旁以任何方式取笑他，但不能碰他。每取出一根木棍，得一分，如果对取笑毫无反应，就得两分。

此类游戏对教会孩子情感控制技能很有用。情感教育必须针对大脑的思维和情感两部分。孩子遭到取笑时，光告诉他们该怎么做是不够的，同时还应该让他们学会控制住自己的情感。

我们已经知道，非语言交流方式比语言交流方式要重要得多。我们必须训练孩子认识和了解情感在身体上的反应，这样才能学会自我控制。孩子生气时，脸色通红、身体发紧，处于过度紧张状态，这是在姿势、面部表情和体态上的表现。成功的训练方法是要孩子首先认识这些标志。

然后通过深呼吸、分散注意力等方法，使自己的身体平静下来。你可以通过上述游戏"平静下来"，模仿使孩子愤怒的环境，让孩子掌握自我控制技能。

把游戏过程录下来，也非常有用。我们知道，孩子非常容易模仿影视中的负面行为，但他们也会不自觉地模仿正面形象。孩子在学会了自我控制，对别人的取笑和挑衅无动于衷，以一种轻松的心情面对，而非一怒而起，与之对打之后，他会在录像中不断看到自己的这种正面形象，而这，尤其是有你或其他重要人物在场，会强化他的情感控制技能。

你也可以通过唤起正面反应，来使情感大脑学会自我控制。侵略性强的青少年可以通过一系列高危（当然是有安全保障的）的身体挑战项目，刺激正面情感反应，来获得他人的信任和支持。比如让大一点的孩子或者是十几岁的少年们爬上20英尺高的旗杆，单腿立在顶端，或者在两棵大树间悬荡等，玩时要有安全保障，由受过训练的顾问在一旁指导。这种经历可以称为"正面创伤"。孩子在最基本的生存受到威胁时，得到他人相助，会在大脑中灌输信任他人、团结合作的精神。

其他更直接的训练情感控制的方法是运用新的认知技能。比如，许多学校教孩子解决矛盾的技能，包括协调、同伴调停，来处理学生间及师生间日益增多的侵略霸道行为，使其发生比例明显下降。类似的游戏也向父母们做了推荐，以减轻兄弟姐妹间的互斗现象及解决父母与孩子间的矛盾。

让孩子学会用协调而非争论打斗的方式解决问题，有如下5个步骤：

1. 两个孩子面对面坐着，同意通过协商解决问题，尊重对方的意见，不骂人，不取笑人。

2. 每人先陈述自己的想法（想要什么，为什么要），然后陈述对方的要求。每个人都必须拥有表达自己观点的权利，否则就不可能成功地达成协商。

3. 协商的精髓就是达成双方共赢的解决方案。每个人必须同意至少3条可能的解决办法，其中有妥协，但双方都不失重点。

4. 然后，两人权衡每一种方案。此时，他们已经站到一个战壕里，共同寻找双方都满意的解决办法。

5. 最后，两人应该订下协议，或做出计划，将最好的方案付诸实施。协议应详细写明执行方案的人员、内容、时间、地点和方法等。

孩子们独立完成这一整套协商步骤可能还有困难，这时可以通过"解决矛盾工程"来培训同伴充当调停人。由同伴充当调停人比成人要有效得多，更能鼓励孩子们遵守规则，达成协议。9—10岁的孩子就可以通过训练充当这一角色。有一点比较奇怪，在训练过程中，人们发现自我控制能力差、经常与人发生冲突的孩

现在你们要做的第一件事，就是同意遵守调节规则。

孩子掌握协商和调停的技巧真是出奇得快，这些技巧对控制家庭和学校里的霸凌行为非常有效。

第七部分 情感的力量

子，更能有效地充当调停人的角色，而且在担当这一角色后，自己的行为也戏剧性地发生改变。

需要牢记的情商要点

- 控制情感，尤其是控制愤怒和侵略性，是孩子今天面临的最普遍的情感问题。
- 从进化论来看，人类易怒、好打架的脾性保证了人类的生存，但如今，美国每天有105000名儿童带枪上学，那么暴躁易怒并表示出来就非常危险了。
- 幸运的是，有许多办法可以刺激大脑的思维部分，来帮助孩子抑制和控制愤怒。
- 通过协商和调停的方法解决矛盾的技能应该成为孩子教育内容的一部分。

第二十三章
治疗身心创伤

情商领域最大的突破恐怕要数对情感大脑治愈力量的进一步了解了。它区别于以往的"谈话疗法",后者只是帮助孩子了解自己的问题。它从生理化学的角度考虑严重的情感问题。

比如,明尼苏达大学的发展心理学家梅根·冈马就认为,人类受创伤时,身体做出反应(包括血压升高、心率加快等)的同时,还会释放大量的荷尔蒙氧化皮质酮,对情感大脑的海马回造成暂时或永久的伤害,导致失忆、焦虑、控制不住情感爆发、霸道、冲动等。

更让人关注的一个问题是,遭受长期创伤,如虐待、忽视等,会永久性地伤害大脑中解决问题和发展语言的部分。精神病学家布鲁斯·佩里发现,一群长期遭忽视的孩子大脑皮层比正常孩子小20%。大脑皮层小,智商和情商都低。

通过干预治疗心灵

最新研究表明,被创伤触发的大脑化学物质能通过相对简单的干预而得到改变。过去,治疗精神受到创伤的孩子一般都是用玩耍治疗法:孩子可以选择许多玩具,治疗师在一旁耐心观察,思考孩子选择玩具及玩耍的方式。治疗师相信，孩子在选择和玩耍过程中，会再现所受过的精神创伤，认知大脑会用语言表达情感大脑的这种不愉快记忆，并赋予其意义，孩子在心理上会对之产生一定距离，从而渐渐学会控制痛苦的情感记忆。10岁以上的孩子无法从这一方法中受益，但可以通过发展与治疗师更直接的关系，由后者提供一个更加温暖的环境，使孩子渐渐产生信任感。

这些方法虽然对许多孩子和少年有效，但并不是所有能从中受益的孩子都能得到治疗，实际上接受治疗的人数只占需要治疗人数的20%。因为玩耍治疗法必须由经过数年训练的治疗师和顾问才能操作，而且治疗所需时间太长，要6个月至数年。

最近几年，许多认知行为方法，其中包括本书第三部分叙述的情商思维技能，都被用于治疗各类精神创伤问题。这些方法有助于孩子减轻创伤造成的情感伤害，同时使孩子有机会用思维大脑可以控制的方式组织情感。

治疗游戏在刺激大脑的思维部分、处理情感创伤方面尤其成功。比如，受虐待儿童治疗家托尼·约翰逊博士发明了卡片游戏，名叫"让我们谈谈抚摸"，由治疗专家、精神健康教授和受过性虐待的孩子在一起玩。孩子通过回答一些直接关于他们情感和创伤方面的问题，学会处理方法，以避免这些问题再次发生。这一坦率直接的方法使许多成人很震惊，但孩子们都被吸引住了。公开毫无羞耻感地谈论精神创伤，可以使孩子们对之不太敏感，刺激大脑思维部分发生变化，从而更好地组织和消除痛苦的情感记忆。

此类游戏之所以在治疗精神创伤方面有奇效，根源就是它的重复性。孩子们会不断要求重复玩，这将不断刺激大脑的思维和情感两部分发育新的神经通道。

如何帮助孩子对待创伤

虽然所有经历过严重创伤的儿童都应该被立即送去接受专业帮助是常识，但往往很难知道什么才是一个儿童的严重创伤。有的孩子会因为某一件事受到伤害，如目睹暴力，飓风、洪水、火灾、地震等自然因素夺走家园，家庭成员去世，或仅仅是在医院里待几天等。而有的孩子，生活在饱受战争之苦的地区，整天受到轰炸的威胁，目睹瞬间丧失一切的惨景，却相对具有弹性。但是，有一种创伤很少有专家有异议，那就是性虐待和身体虐待导致的创伤，受到这种创伤的孩子应该接受精神健康治疗。

如果你的孩子经历过某件可能对他造成伤害的事，那么你要估计一下可能的伤害程度，并刺激他天生的防卫机制发生作用。下面的症状检查表可以帮你对创伤程度做出估计，只要某一个症状持续一个月以上，就应该接受专业治疗。

儿童遭受创伤后症状检查表

____孩子无故表现出此前没有的恐惧和焦虑感。

____孩子离群索居，对别人表现出明显不信任。

____孩子愤怒、霸道，其程度远远超出从前。

____孩子行为异常,比如抽搐、结巴或古怪。

____孩子不断表现出抑郁症状,如哀伤、呆滞、暴躁、多动(有时,患抑郁症的孩子与成人的症状相反)。

____孩子内疚和自责。

____孩子经常抱怨身体不舒服,比如肚子疼、头疼,或其他以前没有出现过的疼痛。

____孩子突然对学校和学校作业失去兴趣。

____孩子的吃饭和睡觉习惯有明显变化。

____孩子自虐、自毁,有事故倾向。

____孩子行为"婴儿化",表示想被视作"婴儿"。

刺激大脑思维部分以治疗精神创伤的新方法,就是在事件发生后立即干预,时间持续至少数星期,从而减轻事件有可能产生的长期影响。下面便是几种很容易掌握的方法:

- 让孩子谈谈所发生的事。你也许会认为在经历创伤后,应该让孩子独处,尤其当他表现平静时,更应该如此。实际上,孩子在创伤后表现出的平静只不过是惊吓的一种,在平静的外表下,情感处于警惕状态。这时,让他们谈谈所发生的事,聊聊他们的感受,刚开始也许会让他们更加烦躁,但从长远来看,这么做会帮助他们减轻症状。

- 让孩子不断重复积极正面的语言,以强化一种信念:他已经从一次创伤中生存下来,并能战胜其影响,这些话有:

我很好，没有受到创伤的伤害。

尽管经历了创伤，我仍然继续生活。

只要我需要，我就能从关心爱护我的人那里得到支持。

- 通过每日做"身体扫描"，来帮助孩子发现身体的痛苦症状。方法是，在精神上从头向下检查，注意颈部、胳膊、躯干和腿部的紧张感。

- 鼓励孩子每日做放松活动。如果他有紧张、疼痛、不适症状，这么做尤其有效。每天在爱护他的成人指导下，进行 15 至 20 分钟的放松活动，是减轻创伤影响的最有效方法。

用精神治疗身体

对情商的研究有了最新的突破：我们可以通过训练精神来预防和克服身体疾病。这是最令人鼓舞的事。研究人员通过无数次研究发现，在与疾病，哪怕是致命的癌症、心脏病等做斗争的过程中，情感和社会技能相当重要。即使该发现只是部分真实，也能证明培养孩子的情商技能会影响他的一生。

这一最新研究领域叫作心理神经免疫学。它研究精神和情感之间的联系，即中枢神经系统、自主神经系统和免疫系统。前提是精神能够产生一些化学物质，来保护身体免受疾病的侵袭，在某些情况下，甚至逆转疾病的过程。

要理解这一新兴学科，让我们先把"精神"和"身体"的概念放一放，而把它们看作一个神经病学系统。神经系统不仅包括大脑，而且还有脊髓、神经和神经结。如果再细分，又可分出中枢、自主和周围神经系统。早在现代医学发展初期，我们就知道这是一个"硬件"系统，但直到最近，我们才知道，它还存在第二"软件"系统，用该领域先驱、神经科学家坎达斯·伯特博士的话说，又叫"身心交流网络"，在情商中发挥着重要作用。

这一化学系统包括神经肽和神经肽受体，在理论上它们是情感的化学相关物。根据伯特的理论，神经肽及其受体是在大脑与情感相关的部分中发现的，由大脑发出，通知身体该如何反应。

伯特把神经肽比作盖房子的砖，"既可以用来盖地下室，也可以用来盖阁楼，在不同的地方满足不同的功用，但却是同一块砖"。单一的神经肽通过协调身体的各个部位，满足不同需要，比如血管紧张肽大叫："我要水，我要节约水，我不想浪费任何一滴水。"

尽管我们目前对该系统的作用机制还只能通过猜测得知，但它的发现，在预防和治疗疾病方面有着极为重大的意义，有可能在健康领域引起一场革命。

使神经科学家们吃惊的是，我们提到的许多情商技能不仅能够在短期内使孩子明显快乐和成功，而且从长远来看，它们还具有很微妙的生物影响。比如幽默这一情商技能，我们知道，它对孩子社交的成功与否能产生重大影响。此外，科学家们还发现，幽默在免疫方面能发挥重大作用，或许还是每个孩子健康生活的前提。

幽默能放松肌肉，减轻对疼痛的意识，降低血压，因而毫无疑问，它是天然疼痛缓解剂。在一次实验中，受试者说笑话，看有趣的录像。科学家们发现他们身上与疼痛相关的荷尔蒙减少了，免疫系统的关键部分提高了。事实上，免疫系统对幽默的反应（有的要在一天以后才能表现出来）是很大的，可以产生更多的：

- 攻击病毒和肿瘤的天然杀手细胞
- 组成免疫系统的 T 细胞
- 抵抗呼吸感染的免疫球蛋白 A
- 启动免疫系统、攻击病毒、调节细胞生长的干扰素–Y
- 抵抗有害微生物的抗体 B 细胞

这些发现会导致医院里很快充满笑声。位于佛罗里达的蒙顿·普兰特医院有一所小丑学校，学生毕业前都要在医院大厅里逗人笑。费城的福克斯·查斯肿瘤中心内，有一志愿者推着小车，车上坐着 6 英尺高的小丑，向病人分发喜剧磁带、玩具水枪、放屁坐垫（人坐下去会发出类似放屁之声而逗人笑的坐垫）等。许多儿科诊所也不断邀请马戏团的喜剧演员来诊所演出，因为他们知道，欢声笑语就是一剂良药。正如幽默与健康方面的著名研究者李·伯克博士所说，"幽默不是替代药物，而是真正的药物"。

某些情商技能可以促进孩子身体健康

精神和身体是一个整体，知道了这个，就不难理解，为什么孩子掌握情商技能有益于身体健康，为什么对身体健康有益的因素也同样会反过来促进情感发展。比如，身体放松的技能就能有效地应付许多情感问题，包括脾气暴躁、考试焦虑症、怕狗等等。要想帮助孩子有效地对付情感问题，一些放松身体的技能是必不可少的。

放松法

放松法，或称自我平静法，是孩子需要学会的重要技能之一。它除了能减轻某些特定痛苦，还能使孩子、青少年和成人都感觉精神振奋、轻松愉快，甚至朝气蓬勃。这些积极"感觉"不是只存在于精神，它也存在于身体。哈佛大学教授赫伯特·本森在经典著作《放松反应》中这么解释，放松法可以立刻减少身体对氧气的需求，增加阿尔法脑波（与创造力相关），降低血乳酸含量（由骨骼肌的新陈代谢而产生的一种物质，和焦虑相关）和心率。

迪安·奥尼希博士也是放松法提倡者。他把该方法视为著名的"生命选择工程"的5个基本组成成分之一（其他4个为低脂肪饮食、适度锻炼、禁烟、情感支持）。他已经证明，即使是严重的冠状动脉心脏病也可以用此法来逆转。

放松法训练时，孩子应该坐在一个舒服的椅子上，慢慢放松身体的每块肌肉。一般来说从身体中央开始，向四周延伸（比如，从胸肌开始，至腹肌、背部肌肉、胳膊、腿、手、脚等等）。与此同时，指导他慢慢深呼吸，想象自己正置身于一个熟悉平静的

许多治疗专家相信，放松是能教会孩子掌握的最重要的情商技能，它不仅有助于孩子控制情感，还能刺激免疫系统，保护孩子免受疾病侵袭。

环境中，比如，躺在草地上看星星，享受着拂面的微风、草地的清香，以及露珠轻落在肌肤上的清凉惬意。这些能帮助孩子摆脱白天的烦恼，使身体进入休息状态。

训练几个星期以后，10岁以上的孩子面对紧张痛苦等不愉快情感时，就能用上这些技能了。

减轻压力的影响

现代生活的紧张正越来越严重地伤害到我们的情感世界，而我们都没有予以足够的重视，没有教会孩子相应的应对技能。正如迈克·诺登在《超越百忧解》中所写："不幸的是，现在我们比过去更加需要承受紧张的能力，而我们的大脑却更加无能为力。有证据表明，我们为现代生活方式和人工环境所付出的代价是巨大的。我们睡觉、吃饭的方式，甚至呼吸的空气都会削弱大脑中百忧解旨在加强的特定神经化学'紧张屏障'——重要的神经化学物质血清素。从某种意义上说，我们的生活方式使我们变成了'百忧解缺乏者'，或者更准确地说，是血清素缺乏者。"

诺登认为许多情感问题都是由血清素缺乏引起的，但他又赶紧解释说，这并不是说每个人都要吃百忧解，相反，有许多自然途径可以促使身体产生血清素：

- 增加锻炼量（90分钟的强度锻炼，可使大脑中的血清素含量增加两倍）
- 低卡路里、低脂肪饮食，两餐间隔不超过5小时（睡觉时间除外）
- 寒冬季节晒太阳
- 适度的睡眠（睡眠缺乏会导致大脑血清素含量降低20%）

那么，你孩子的生活方式能保证身体产生维持身心健康必要的生物化学物质血清素吗？

常识告诉我们，健康的身体会带来健康的精神，然而现代生活方式已经使我们远远超出了理性的支配。一般来说，美国儿童看电视太多，锻炼太少，饮食中卡路里和脂肪含量过高，他们的精神健康正面临空前危机难道是危言耸听吗？奇怪的是，当我们用科学提高少年儿童情商水平的同时，却发现过去的许多格言仍然是至理名言。比如，本·富兰克林的名言，"早睡早起使人幸福、健康、聪明"。然而，我们能够吸取过去的教训并运用于儿童的未来吗？或者说我们能够在走向进步的道路上以牺牲孩子的情商为代价吗？

下一章里，我们就会看到，如何运用电脑技术教会孩子不同的情商技能，甚至为孩子创造一种更为合理的生活方式。

需要牢记的情商要点

- 大脑的治疗能力大部分未得到开发利用。
- 许多研究证明，通过刺激大脑产生特定的生物化学物质，孩子就能掌握各种精神和身体治疗方法。
- 为孩子创造好的生活方式，增强他们免疫系统的能力，无论是现在还是将来，都会使孩子受益无穷。

COMPUTERS AND EQ:
    A SURPRISINGLY
    GOOD COMBINATION

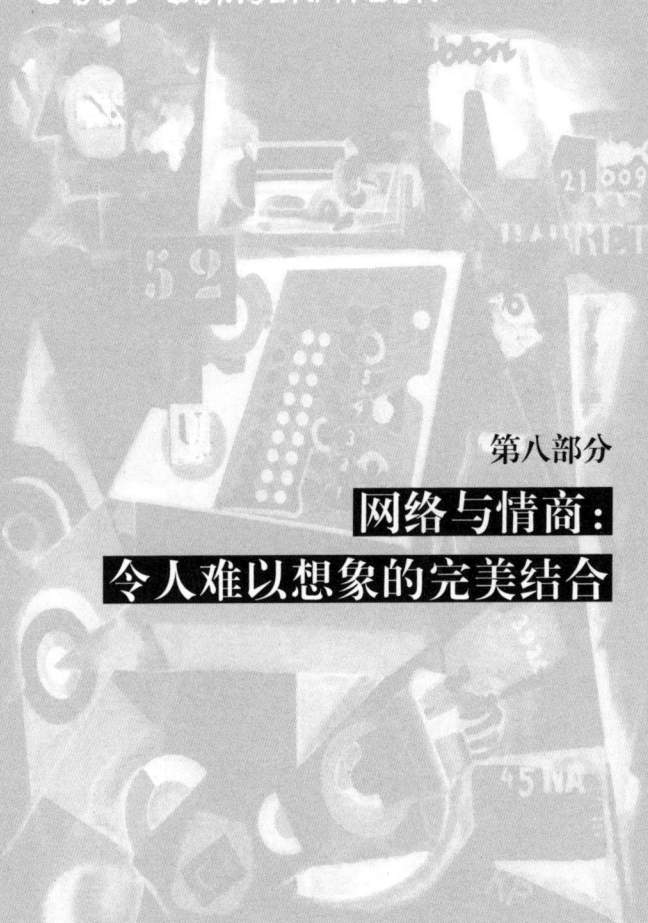

第八部分

网络与情商：
令人难以想象的完美结合

第二十四章
利用网络提高情商

对培养情商最为有用的网络资源就是那些能提高孩子创造性的内容。它们为小自一两岁，大到青少年的孩子创造机会，让他们创作喜剧作品、画卡通画，无限制地表达思想和情感。

讲故事的网络资源

长期以来，讲故事、写作和艺术一直被用来治疗精神疾病，培养孩子的情商技能，如现实地思考、解决问题、表达情感等。在治疗和咨询过程中，孩子用画或故事表达自己的问题或情感，并发现在表达自己的过程中，他们能找到解决问题的新办法，形成新的思维方式。而在网络中，画画和讲故事的资源非常引人入胜，孩子都很着迷。你可以和孩子的老师、精神治疗人员一起，给孩子提供支持性的指导，从而提高他们的情商。

你可能还记得在第六章中，我们谈到了积极有益的故事，有助于培养孩子现实主义的思维和处理问题的能力，进而帮助他们面对一系列问题，如父母离婚、失去父母一方、被人欺侮或生病等。编写这些故事的原则就是为孩子提供一个与年龄相适应的现实的思维方式，来指导他们思考和解决问题。

我们以莎莉为例来说明。她 6 岁时,搬到一个新地方,得不到同学的接纳。每天放学回家,她都要抱怨班里同学没有人愿意和她同坐一张桌子,没人在课间和她说话。

根据我们对孩子交友发育过程的了解,换一所新学校后在社交上遭到拒绝是很正常的,时间最长会持续 6 个月。我们也知道孩子这时如果交上一个性格相似或住得近的朋友,那么就很有可能在社交上获得成功。

莎莉的父母知道这些,因而和她一起在手机上编写故事,讲一个小女孩莎拉,没有朋友,非常孤独。编的过程中,父母鼓励莎莉为主角莎拉设想如何才能交上朋友。编定后,每天晚上由父母读给莎莉听,这对她是个极大的安慰。她慢慢也就相信,自己通过某些活动可以交上朋友,如请一位同学看电影、参加舞蹈班、加入同学的游戏等。

用手机帮助孩子掌握新思维

最近几年,智能手机日新月异的进步,把讲故事推向了一个更让人兴奋不已的新水平。大一点的孩子可以在手机上作画和观看动画片,它们为培养情商技能提供了一个崭新的方式。

比如,在第三部分中,我讨论过费城宾夕法尼亚大学预防工程是如何帮助患抑郁症的孩子改变自我对话的方式,学会更加现实地思考问题。该工程对年幼孩子一般用木偶,对较大的孩子则是采用角色扮演和写作训练的方法。

许多孩子很快对这种办法感到厌烦,因而无法继续下去。这时电脑或手机就可以帮忙了。孩子通过网络搜寻知识,可以学会新的思维方式。孩子在创作漫画时,可以用学到的新思维和解决问题的方法设计对话,还能选择角色的情绪(通过改变脸部表情)、体态、姿势和声音。正像第二十一章所论述的那样,学会这些非语言暗示是提高情商的一个关键因素。

影响价值观的网络资源

自从电脑游戏出现以来,引起最大不安的就是其中的暴力内容。没人会觉得这种担心是毫无根据的。尽管现在的内容有所改变,但暴力仍是儿童网络游戏中最普遍的内容。暴力描写有增无减,一些游戏中,受害人在游戏者炮火的轰击下痛苦惨叫,死伤无数,血流成河。

这些游戏果真能使孩子变得更具暴力倾向、更具侵略性吗?可能不会。但是否能使孩子对别人的情感无动于衷、对现实生活中的暴力麻木不仁呢?答案就是肯定的了。所以我们在肯定游戏有助于提高孩子情商的同时,也不能否认它存在的危害。现在大多数游戏都标出了适合玩的年龄,暴力游戏包装上都有警告。作为家长,你应该对孩子玩的游戏做到胸中有数,有意识地避免他们玩暴力游戏。

幸运的是,越来越多的游戏在保留暴力游戏的挑战性和趣味性的同时,放弃了暴力内容,有的甚至融入了合作精神。比如:

在专为4—6岁儿童设计的《外星人游戏》中,孩子们用香蕉把宇宙飞船中的怪物赶下去,排除真菌卵,防止它们使机器失灵等。

动画故事图书视频也越来越多,它们能给孩子读故事,鼓励孩子参与故事,这是传统图书所不具备的功能。它们还能培养孩子的价值观,让孩子有机会做出价值观取舍,并且随着故事的进展,了解取舍之后果。父母应该和孩子一起玩,以强化价值观对孩子的影响。

VR眼镜

VR眼镜也非常吸引人,为孩子创造了一个虚拟的"真实"环境,使孩子有身临其境之感。患有恐惧症的孩子,如害怕骑车过桥、害怕坐飞机等,如果戴上VR眼镜,就能感觉到自己仿佛在穿越大桥,或正坐在一架波音747上,慢慢地他们就不会在意自己原先的恐惧和焦虑了。

需要牢记的情商要点

- 智能手机可以刺激大脑情感和思维部分的活动,从而教会孩子许多情商技能。

- 有些视频对孩子极有吸引力,又具备不断重复的优点,因而对教会孩子情商技能尤其有用。

- 鼓励创造性和现实地思考的应用软件的数量日益增多,培养孩子价值观、给孩子身临其境之感以应付各种实际问题的应用软件也不少。

- 互联网和在线服务为孩子开辟了学习和社交的新领域。现代科技的发展不是把孩子们隔离开来,相反它打破了地域和偏见的界限从而把全世界的孩子联系到了一起。
- 尽管电脑对孩子来说存在一定的危险,父母应该予以监督,但它的优势远远超出了它所带来的问题。
- 孩子最大的危险是因不能接触电脑,而被新的科学技术甩在身后。